大きな文字で
わかりやすい

小学生で習う漢字1026字

6年
191字

この漢字の本は、小学校で学ぶ漢字1026字を大きなわかりやすい文字で掲載し、形や読み、使い方が覚えやすいように配慮した漢字の見本帳です。

1年～6年の各学年の配当別に漢字を紹介する巻と、索引巻の全7巻構成です。

漢字の本の引き方

本書の漢字は、音読みの五十音順に掲載しています。ページ内の読みの掲載順は、訓読みを先、音読みを後にしています。これは、訓読みのほうが和語で漢字の意味がわかりやすく、覚えやすいという配慮からです。引きにくいかもしれませんが、ご了承ください。

漢字の掲載巻・掲載ページにたどりつけないときは、索引巻の中の「音訓索引」を参照してください。

ページの見方

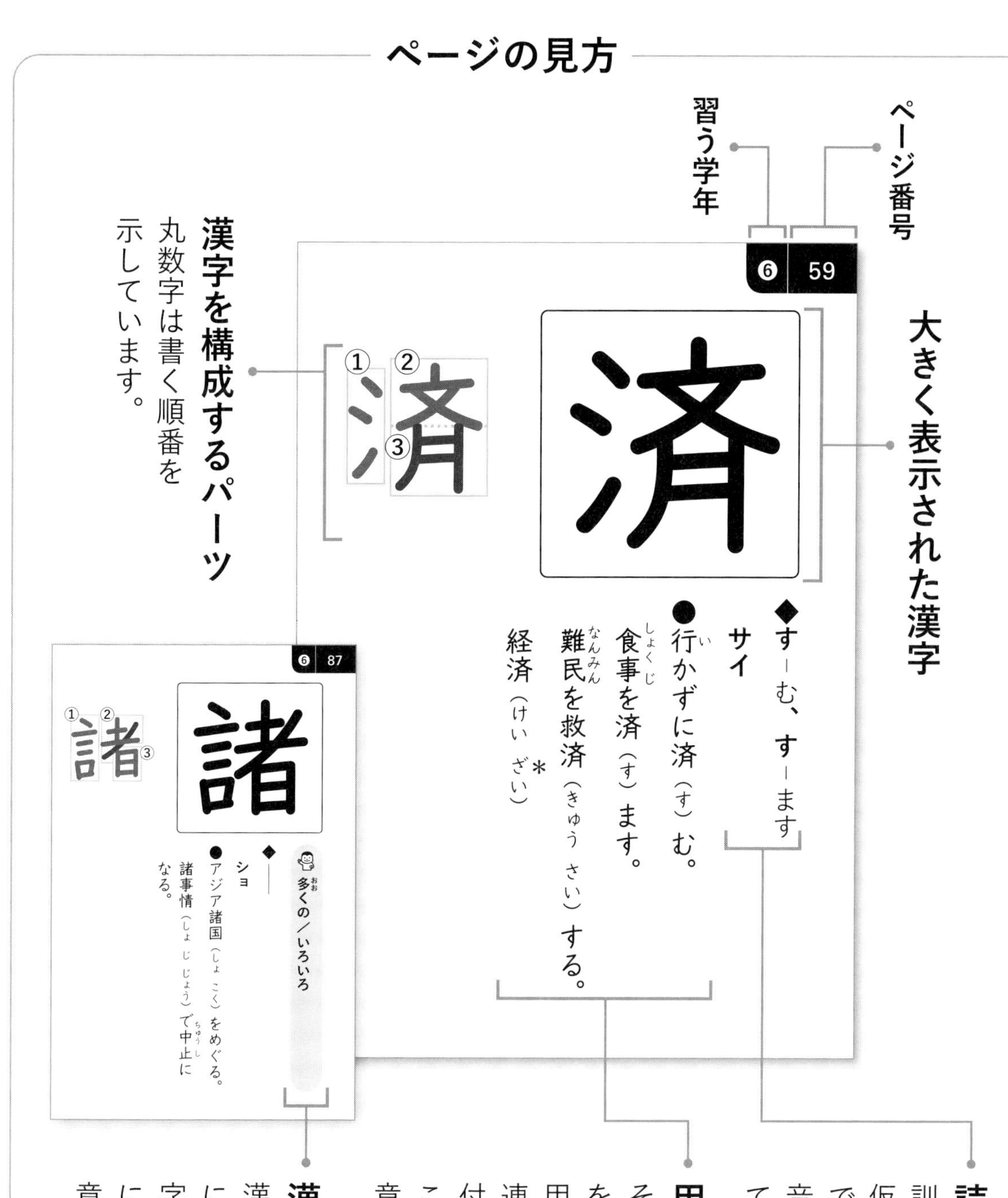

読み
訓読みは、ひらがな（送り仮名は「-」以下の細い字）で示しています。音読みは、カタカナで示しています。

用例
その漢字を使った言葉や文を示しています。用例の読みが促音化したり連濁した箇所には「*」を付けました。ことわざや難しい熟語には意味を掲載しています。

漢字の大元（おおもと）の意味
漢字に音読みしかない場合には、どんなときに使う漢字かイメージしやすいように、その漢字のもつ大元の意味を掲載しました。

6年 もくじ

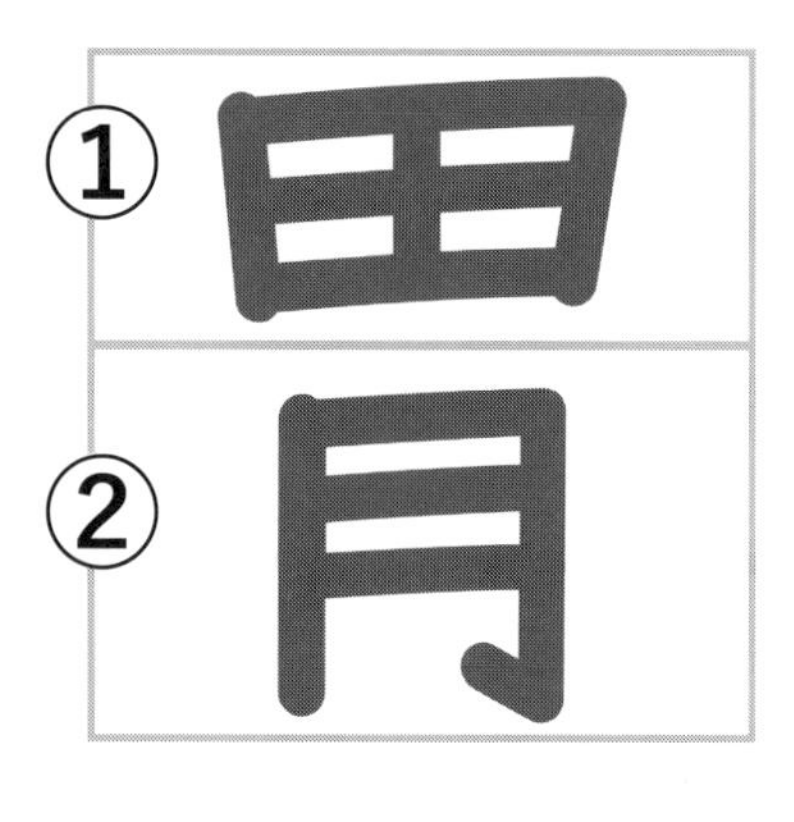

体（からだ）の中（なか）の、食（た）べた物（もの）をこなす消化器（しょうかき）

◆ ——

イ

●胃薬（いぐすり）

胃腸（いちょう）がじょうぶだ。

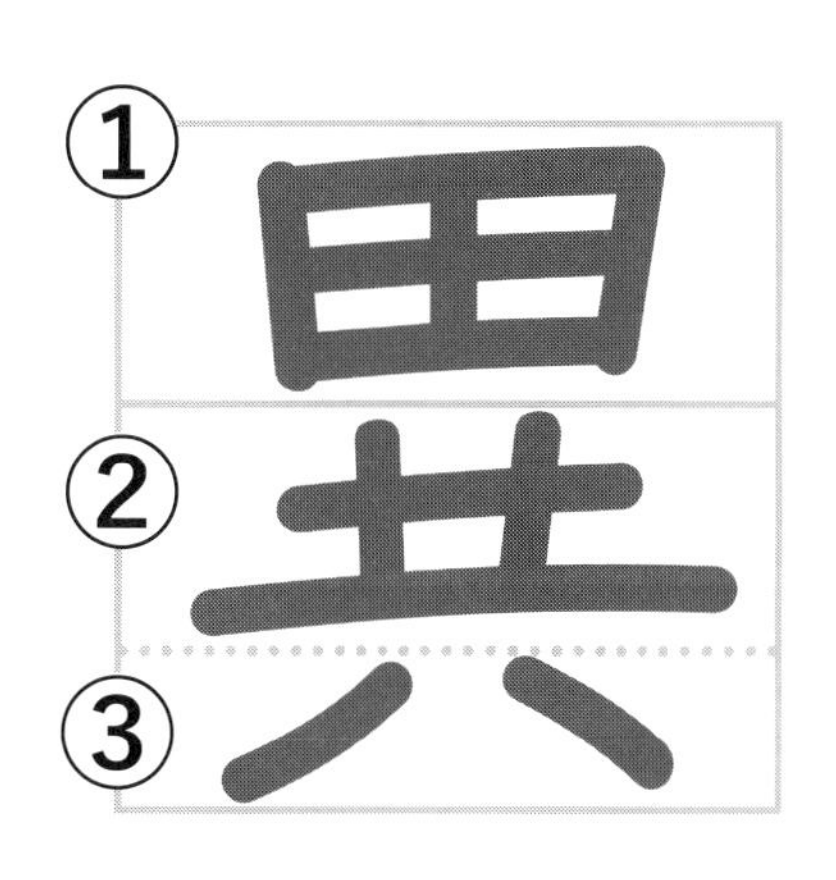

◆こと

イ

●考(かんが)え方(かた)が異(こと)なる。

異常(いじょう)な気候(きこう)

ちがっている

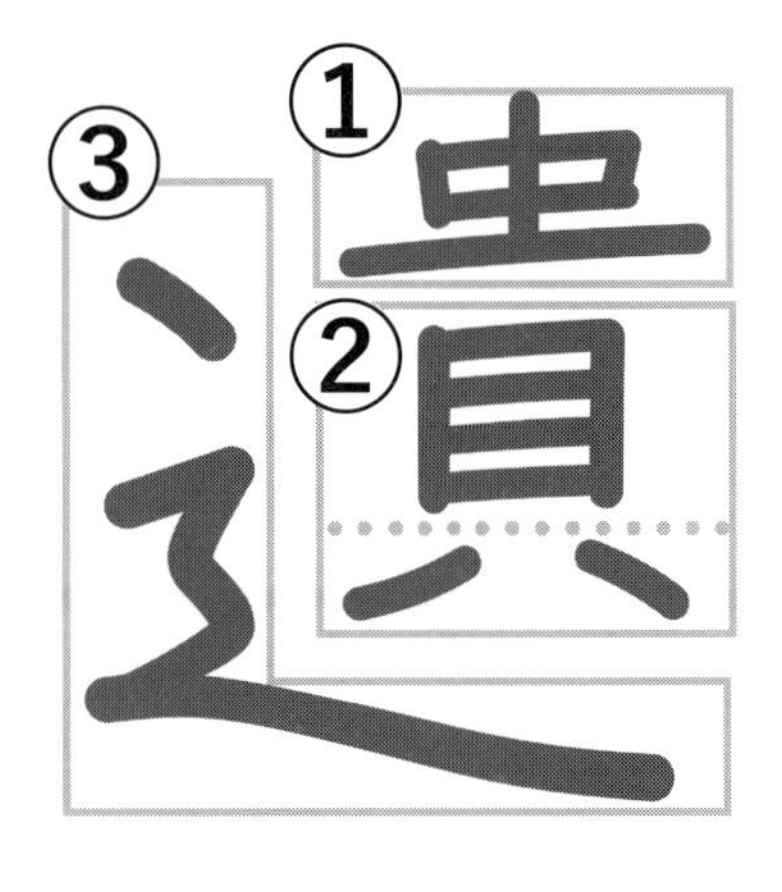

のこす／忘(わす)れる／捨(す)てる

◆―

イ、ユイ

●遺産（いさん）を相続(そうぞく)する。

遺言状（ゆいごんじょう）を残(のこ)す。

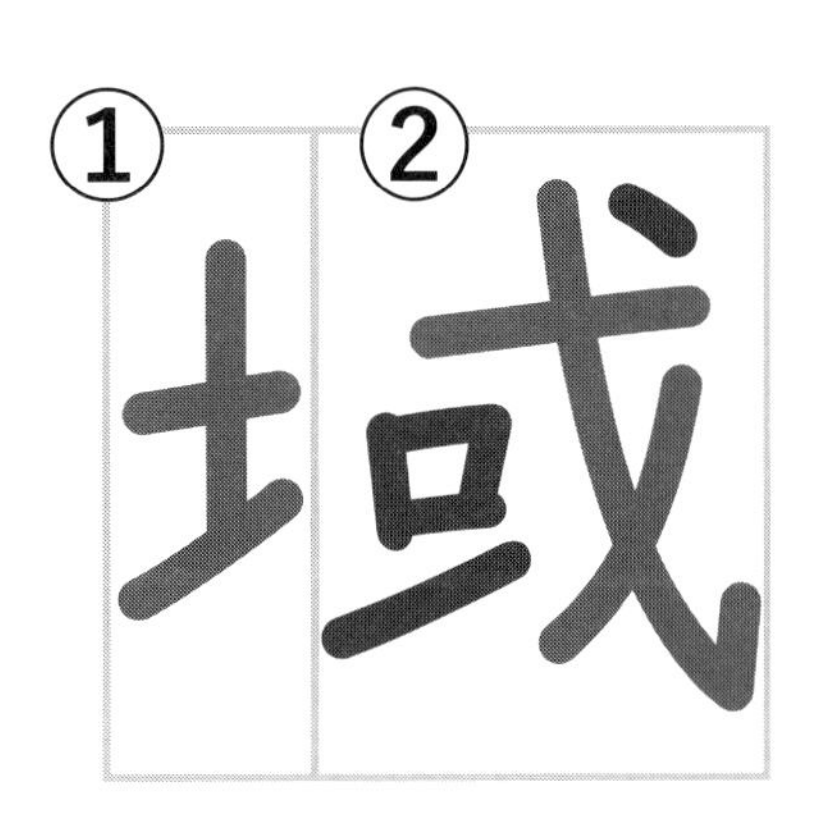

◆ —

● イキ

雪(ゆき)が多(おお)い地域（ちいき）

区域（くいき）の中(なか)を見回(みまわ)る。

区切(くぎ)った土地(とち)

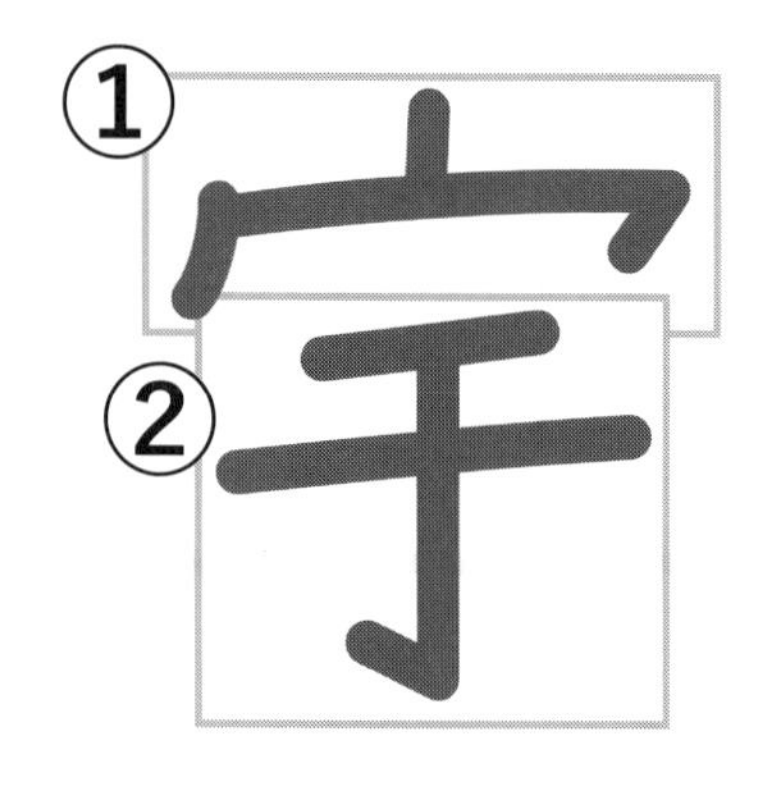

空(そら)／大(おお)きな広(ひろ)がり

◆ ―

ウ

● 宇宙（うちゅう）

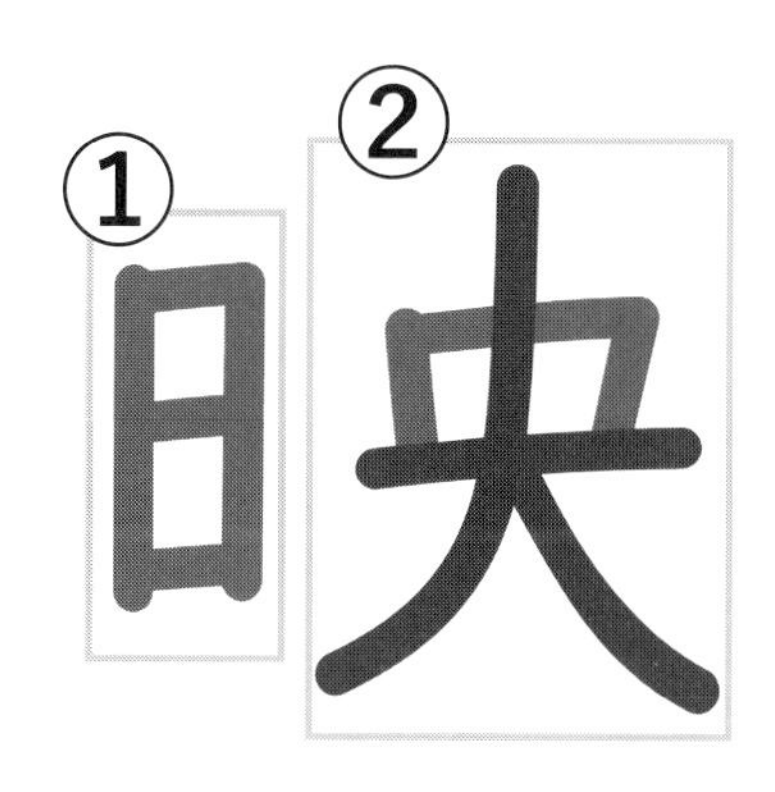

◆**うつ**－る、**うつ**－す

は－える

エイ

●水面(すいめん)に月(つき)が映(うつ)る。

全身(ぜんしん)を鏡(かがみ)に映(うつ)す。

夕日(ゆうひ)に映(は)える山

映画(えいが)を観(み)る。

◆の－びる、の－べる、の－ばす

エン

●予定(よてい)していた時間(じかん)より

延（の）びる。

延（の）べ人数(にんずう)を計算(けいさん)する。

しめ切(き)りを先(さき)に延（の）ばす。

試合(しあい)は延長（えんちょう）戦(せん)に入(はい)った。

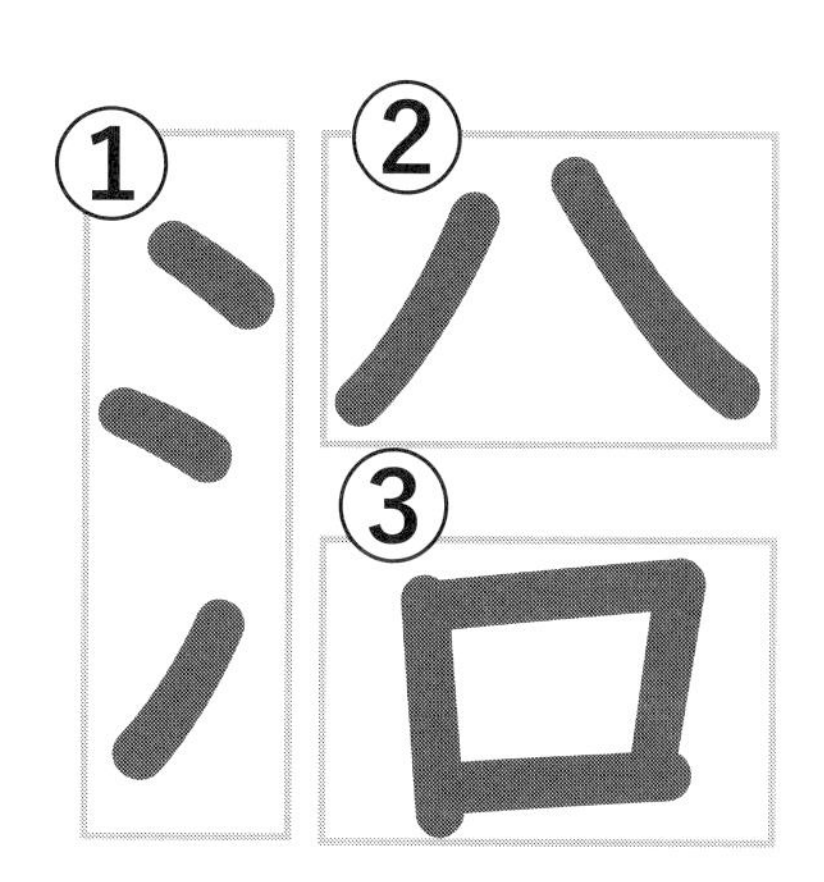

◆そ－う

エン

●その道（みち）は川（かわ）に沿（そ）っている。

沿線（えん せん）

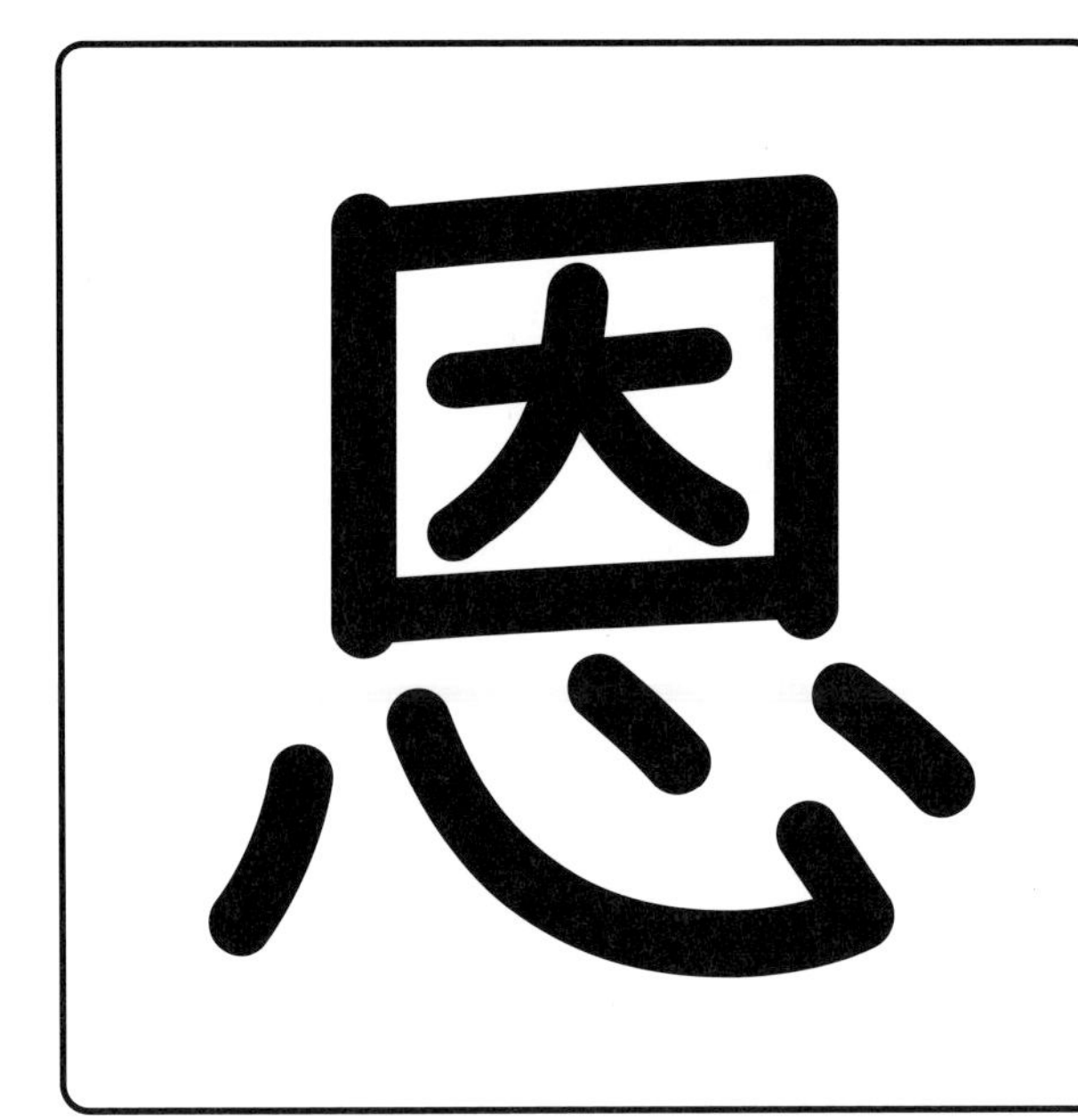

人(ひと)をいたみあわれむ心(こころ)

◆ ―

オン

● 恩人（おん じん）

謝恩（しゃ おん）会(かい)のお知(し)らせ

我

◆われ、わ

ガ

●我（われ）を忘（わす）れて打（う）ちこむ。

我（わ）が国（くに）

自我（じが）

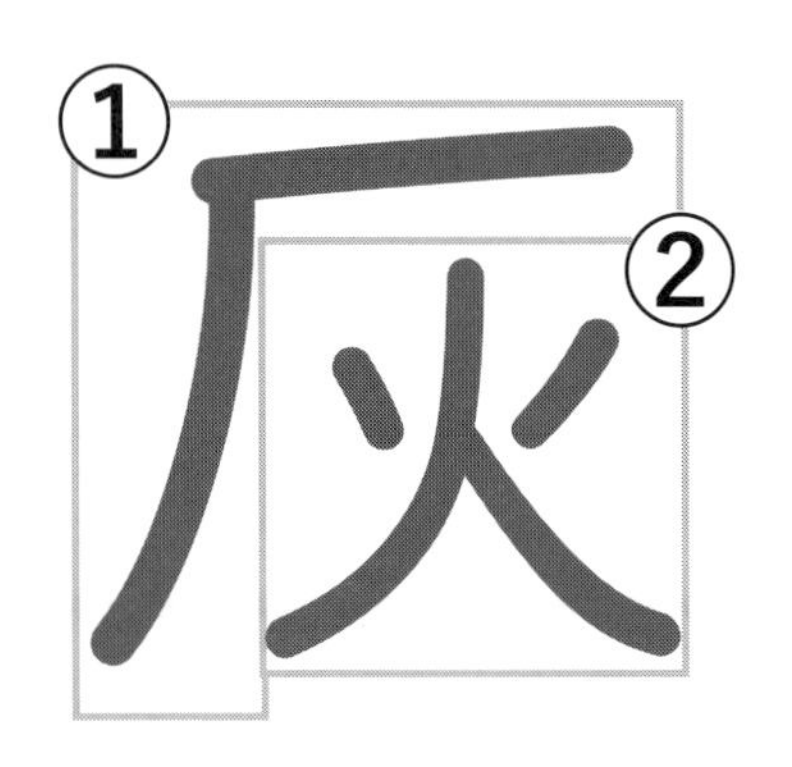

◆はい
カイ
●紙(かみ)が燃(も)えて灰（はい）になる。
石灰（せっかい）

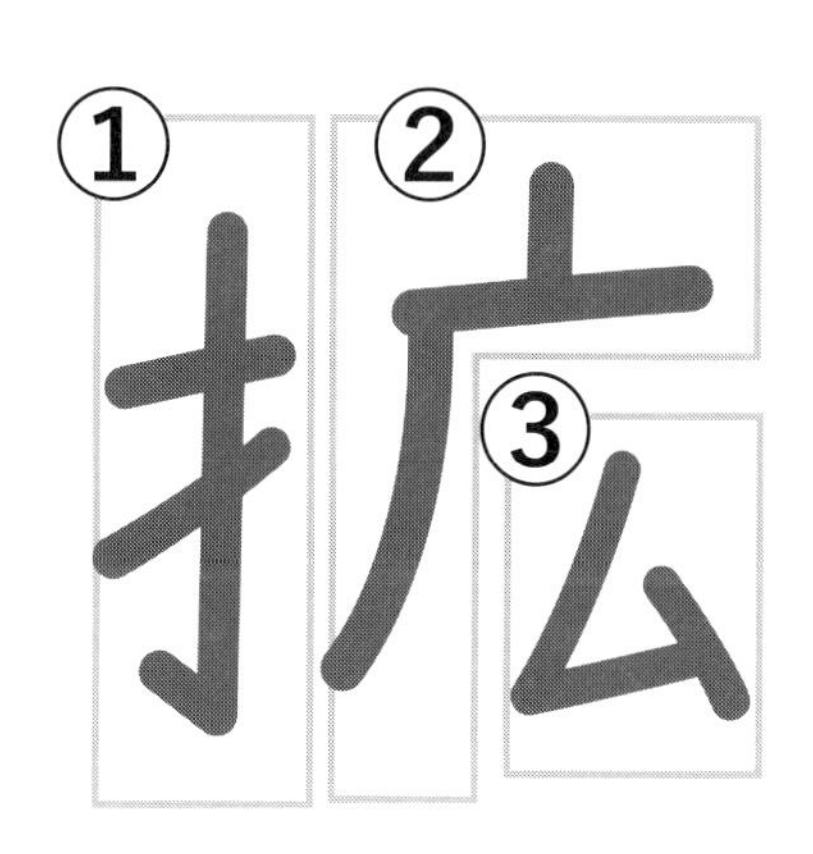

◆ ―

カク

●虫（むし）めがねで拡大（かくだい）して見（み）る。

事業（じぎょう）を拡張（かくちょう）する。

ひろげる

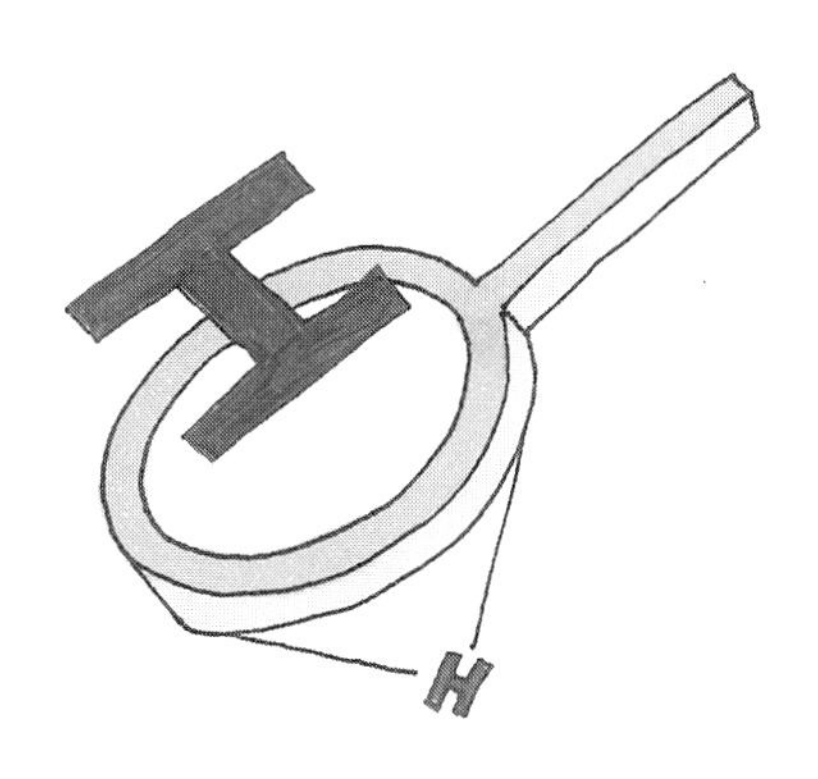

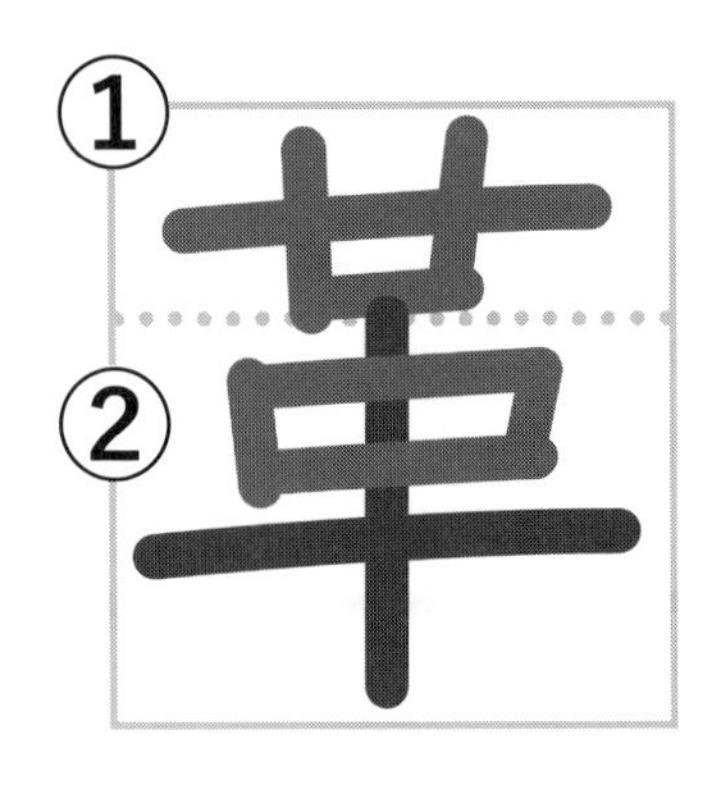

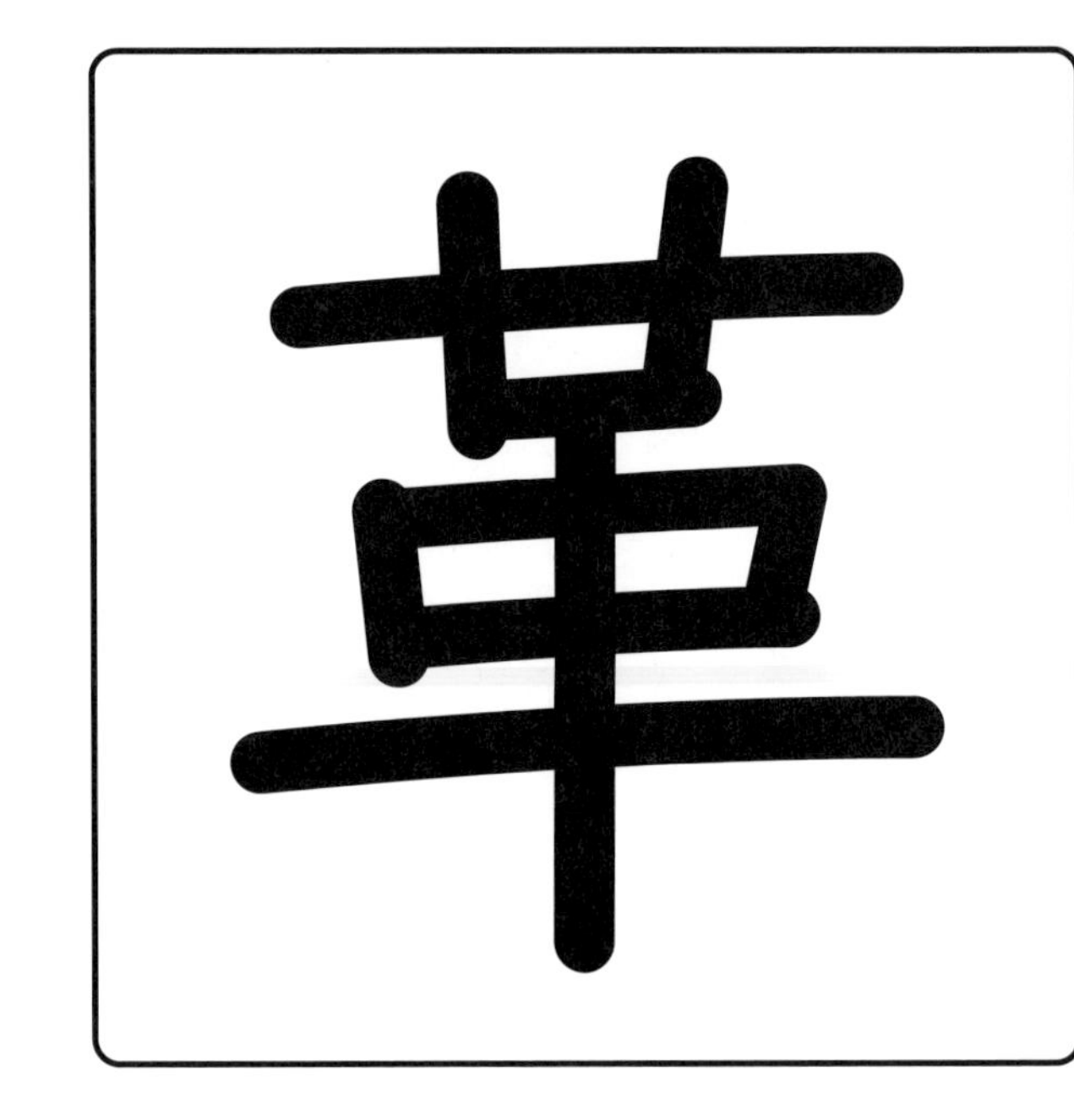

◆かわ
カク

●革（かわ）ぐつ
働き方を改革（かいかく）する。
革命（かくめい）を起こす。

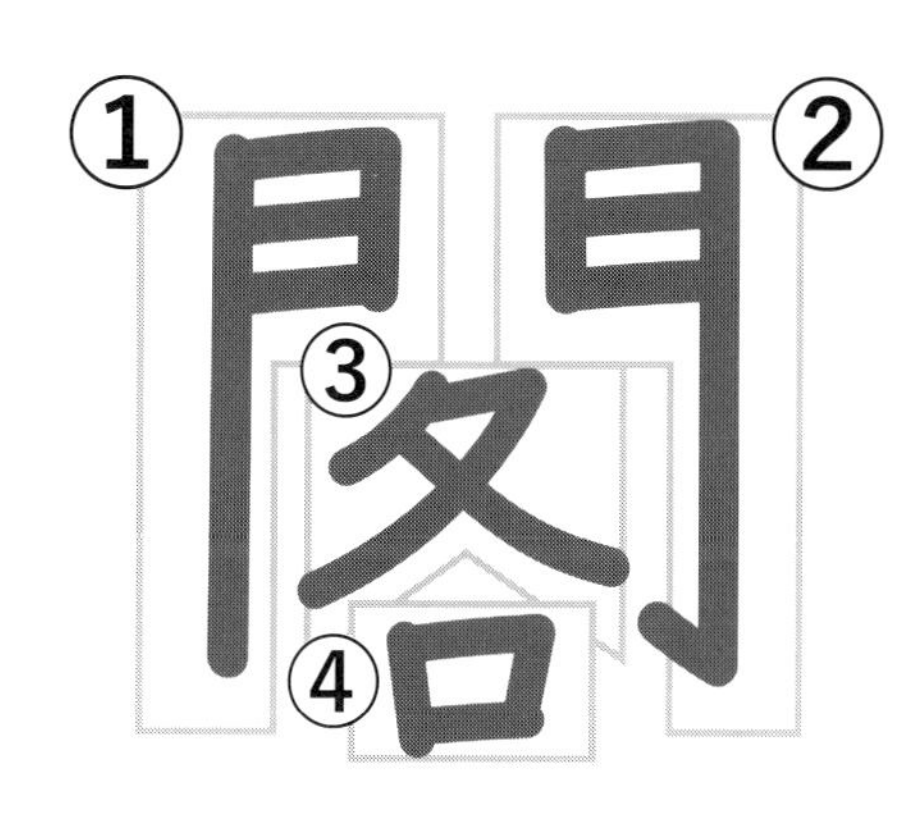

◆ —

カク

● 内閣（ないかく）

美（うつく）しい天守閣（てんしゅかく）

高（たか）いりっぱな建物（たてもの）

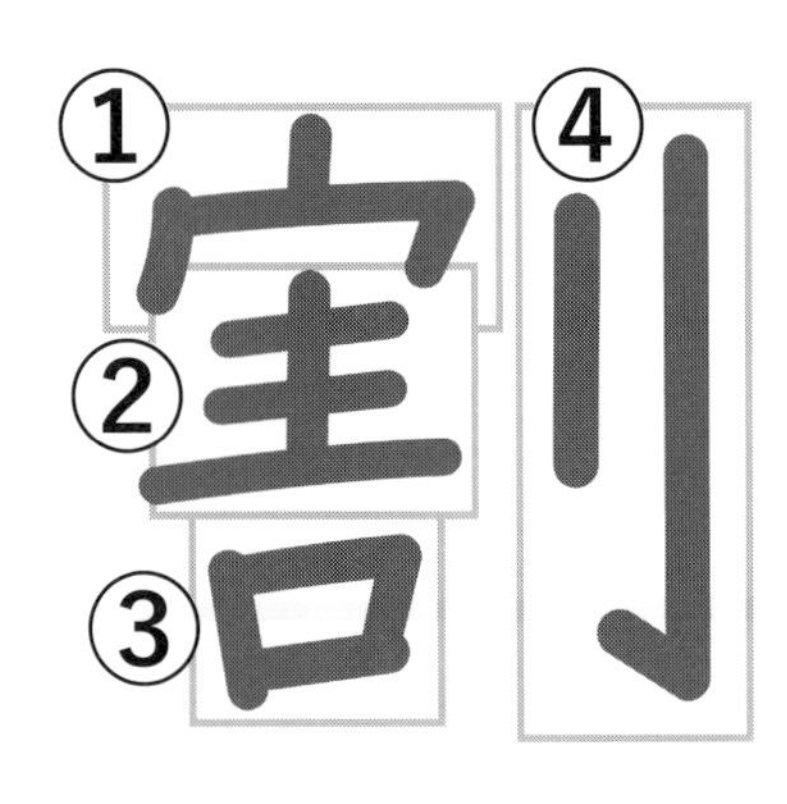

◆わ－る、わり、わ－れる
さ－く
カツ

●三(みっ)つに割（わ）る。
時間(じかん)割（わり）
コップが割（わ）れる。
二人(ふたり)の仲(なか)を割（さ）く。
分割（ぶんかつ）する。

14÷5=2…4

①木 ②株

◆かぶ

―

●切(き)り株（かぶ）

株（かぶ）を上(あ)げる。

＝人(ひと)の評価(ひょうか)を高(たか)めること。

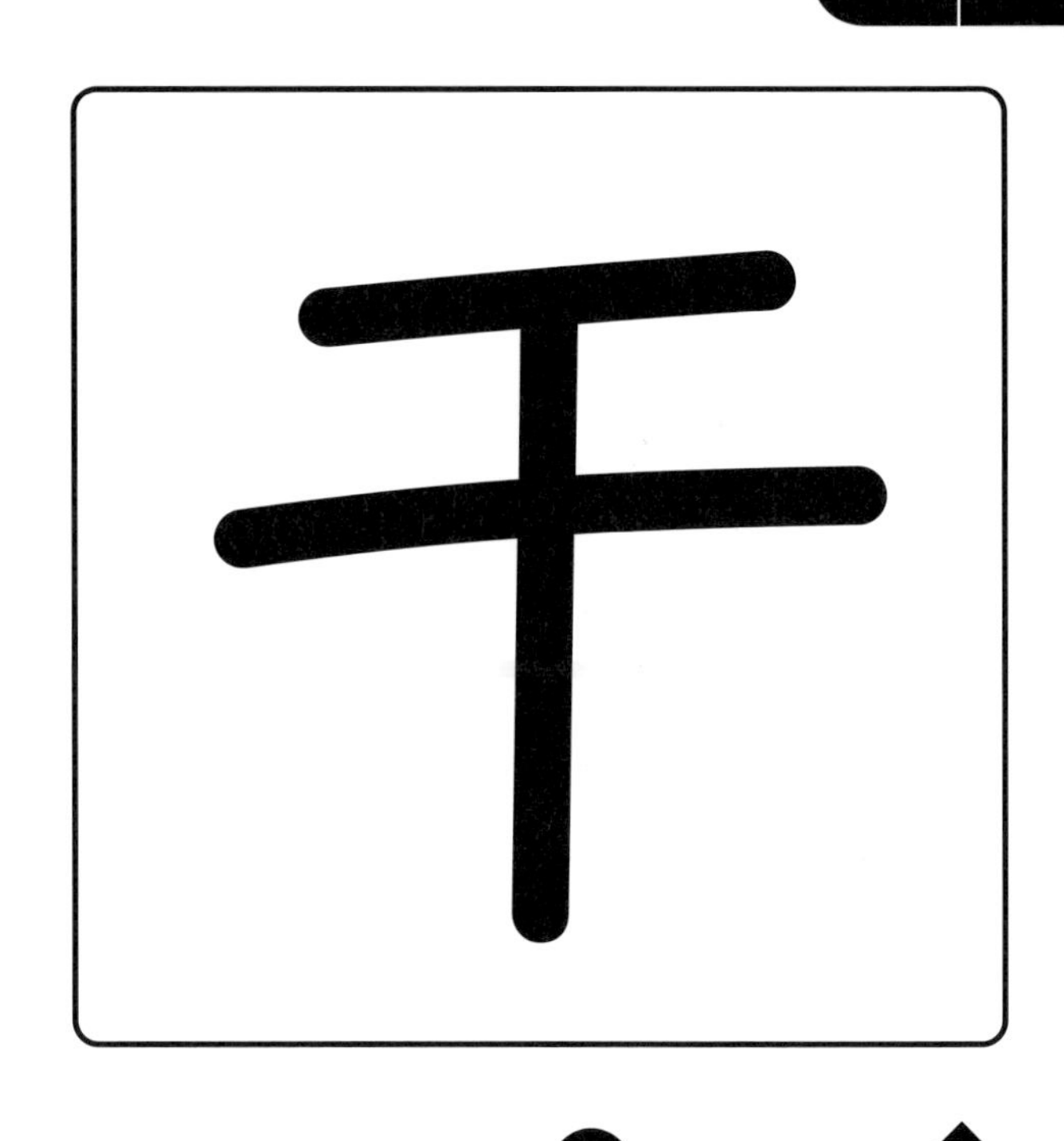

◆ほ－す、ひ－る

カン

●洗たく物を干（ほ）す。

池が干（ひ）上がる。

干潮（かん ちょう）

＝海の水が引いて、海面の高さが最も低くなった状態。

◆まーく、まき

カン

●マフラーを首(くび)に巻(ま)く。

古(ふる)い絵巻物(えまきもの)

マンガの第一巻(だいいっかん)

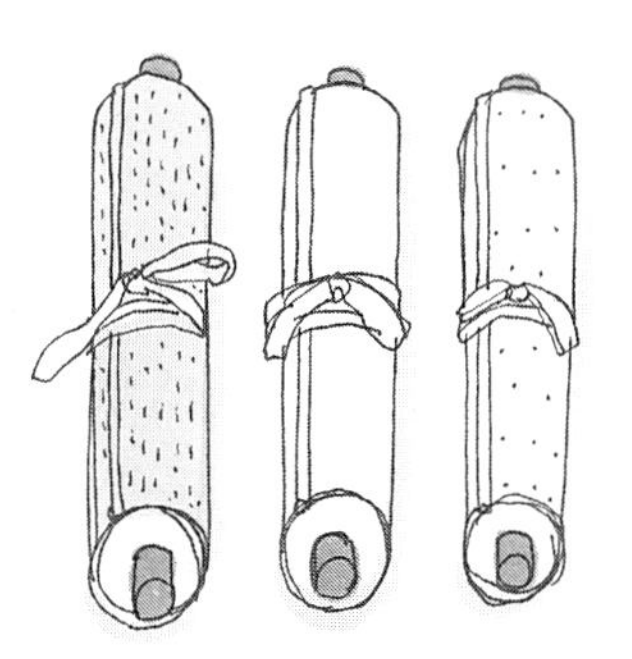

見守(みまも)る／見張(みは)る

◆ ―

● カン

看板（かんばん）

看護師（かんごし）

具合(ぐあい)の悪(わる)い人を看病（かんびょう）する。

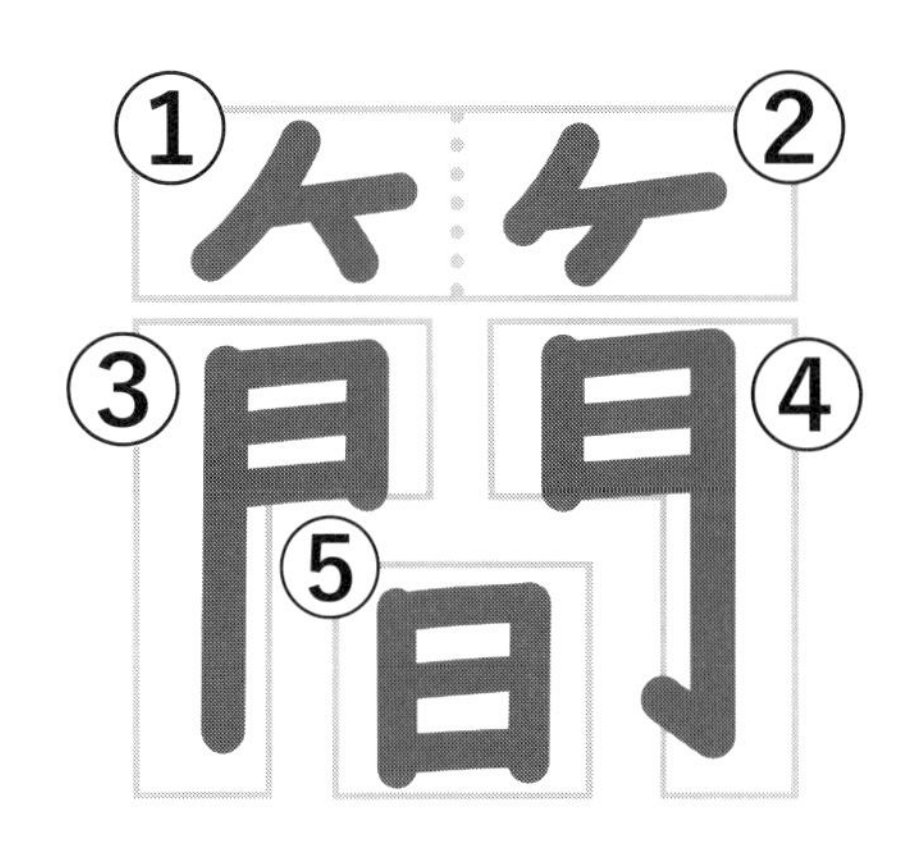

◆ ―
カン

●
簡単（かんたん）な問題（もんだい）
簡易（かんい）裁判所（さいばんしょ）

手紙（てがみ）／手軽（てがる）

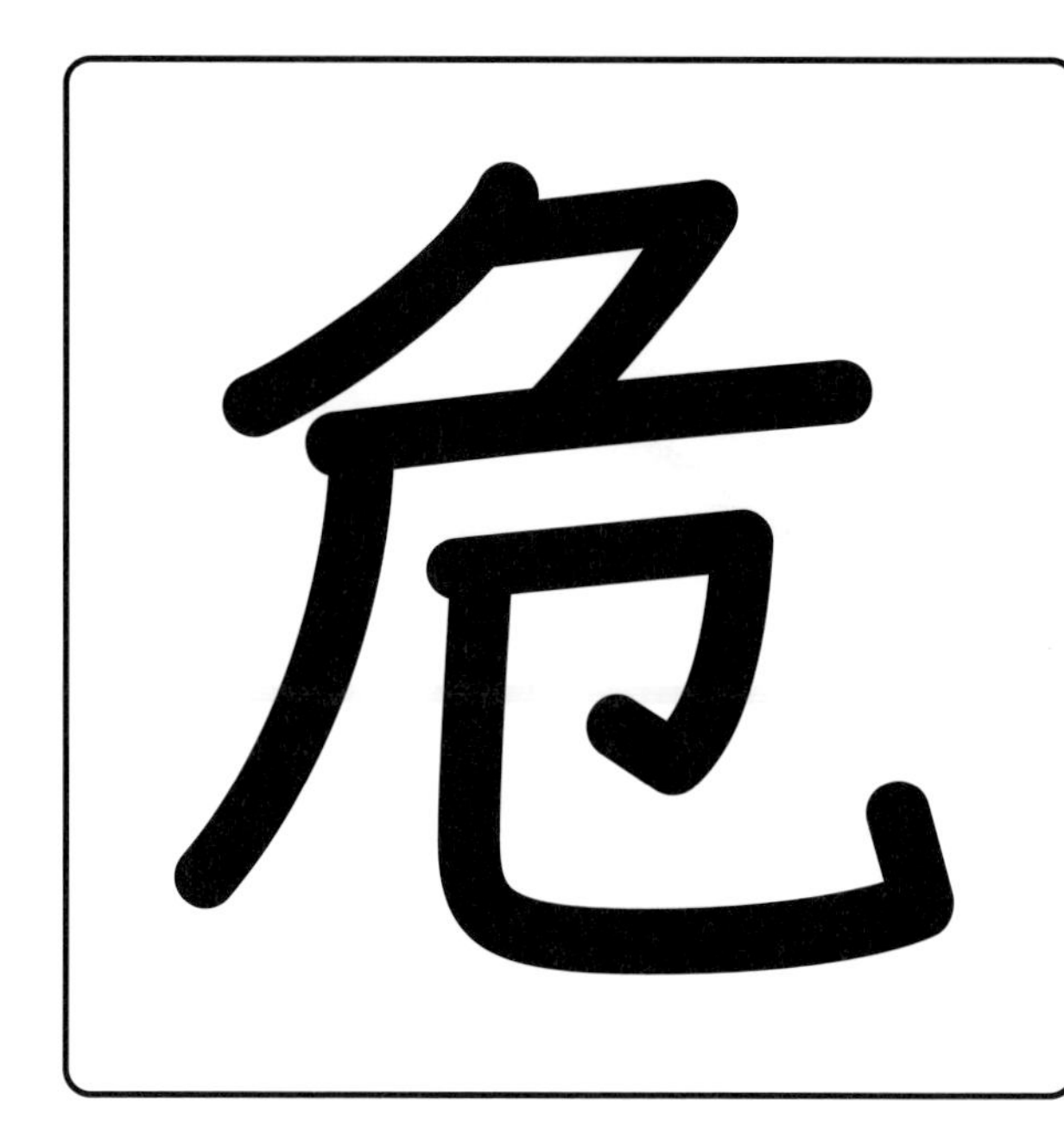

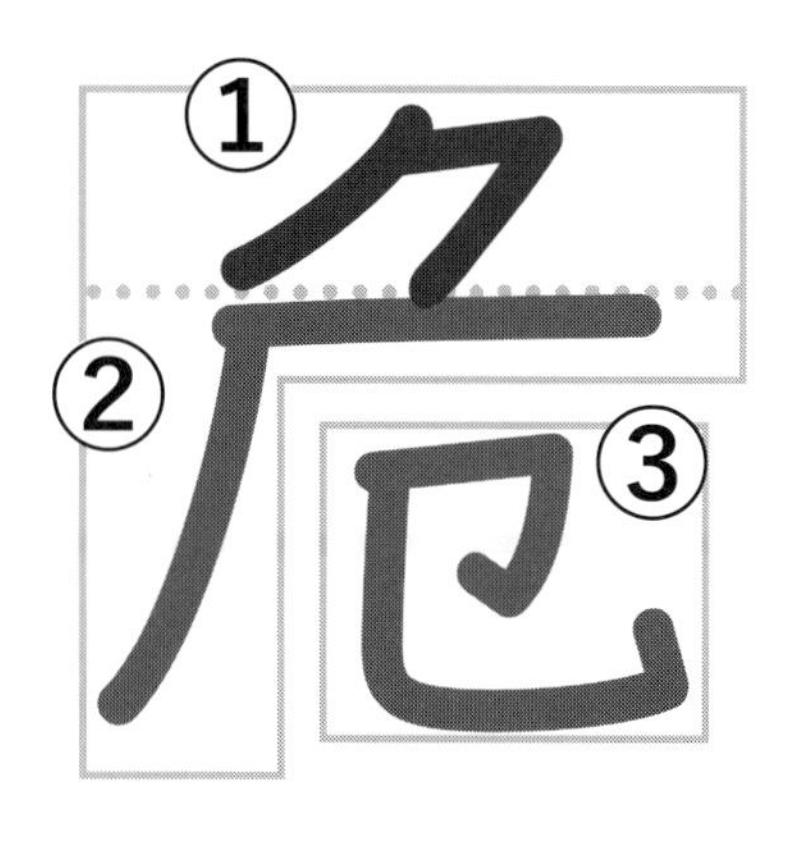

◆あぶ－ない
あや－うい、あや－ぶむ

キ

●飛(と)び出(だ)しは危（あぶ）ない。
王者(おうじゃ)の地位(ちい)が危（あや）うい。
大会出場(たいかいしゅつじょう)を危（あや）ぶむ。
危険（きけん）な運転(うんてん)

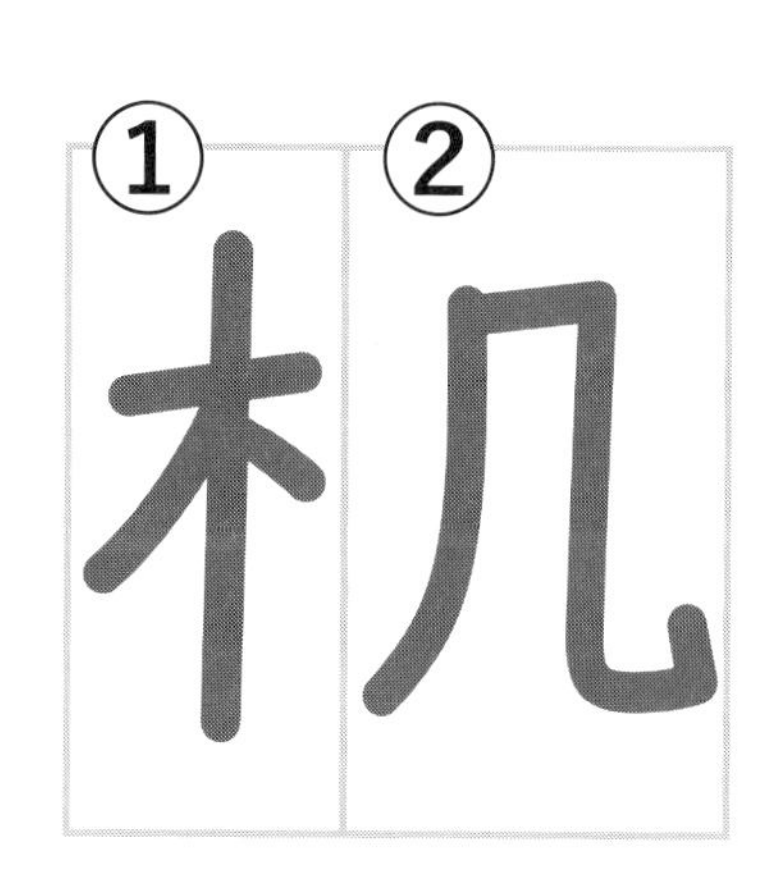

◆つくえ

キ

●机（つくえ）を運ぶ。

机上（きじょう）の空論

＝頭の中だけで考えた、実際には役に立たない理論。

ふりまわす／指図（さしず）する

◆ ——

キ

● 実力（じつりょく）を発揮（はっき）する。

指揮（しき）者（しゃ）

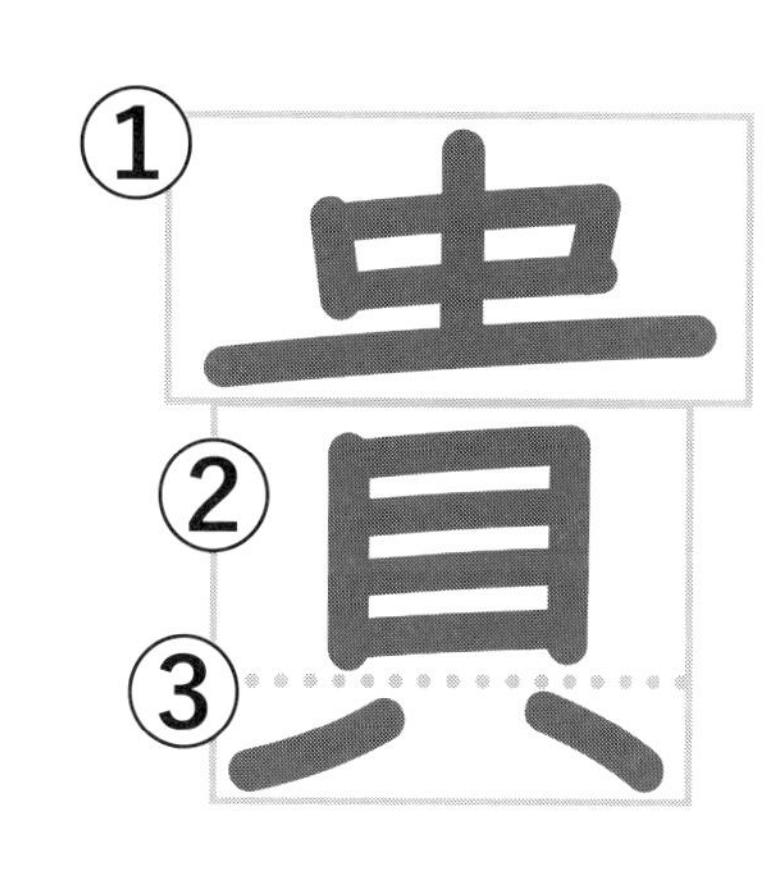

◆たっと－い、とうと－い、
たっと－ぶ、とうと－ぶ

キ

●貴（とうと）い体験（たいけん）
和（わ）を貴（とうと）ぶ。
貴重品（きちょうひん）を
保管（ほかん）する。

値打（ねう）ちがある／敬（うやま）う

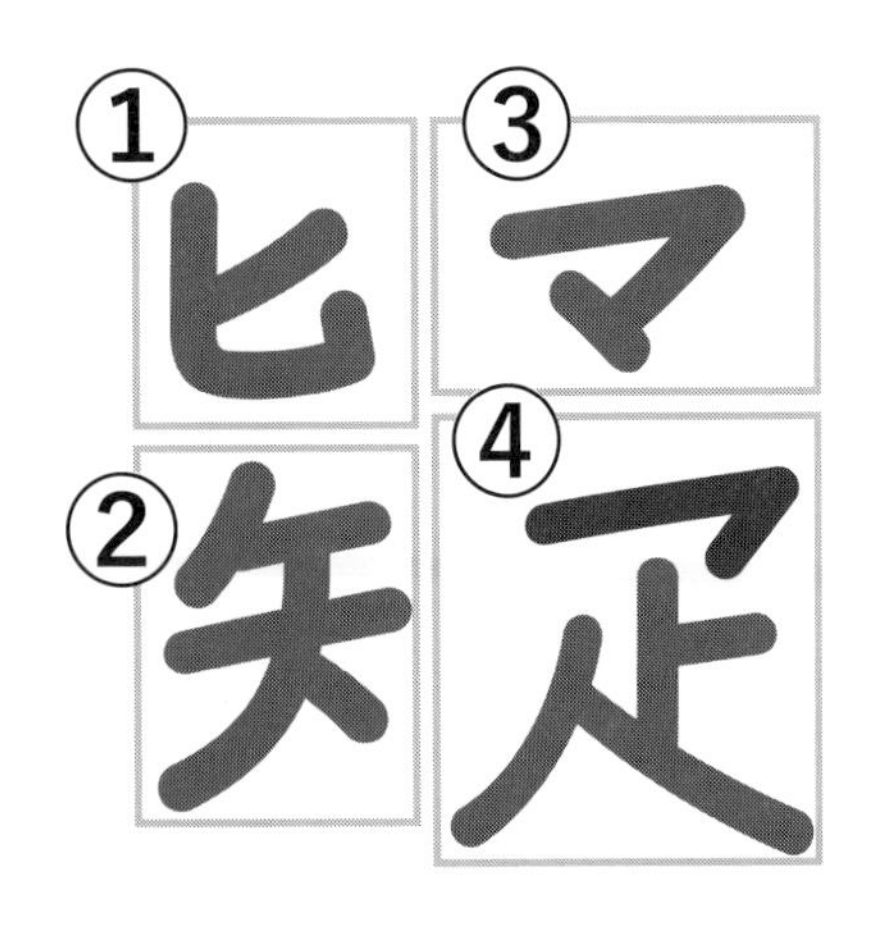

◆うたが－う

●ギ

本物(ほんもの)かどうかを疑（うたが）う。

疑問（ぎもん）に思(おも)う。

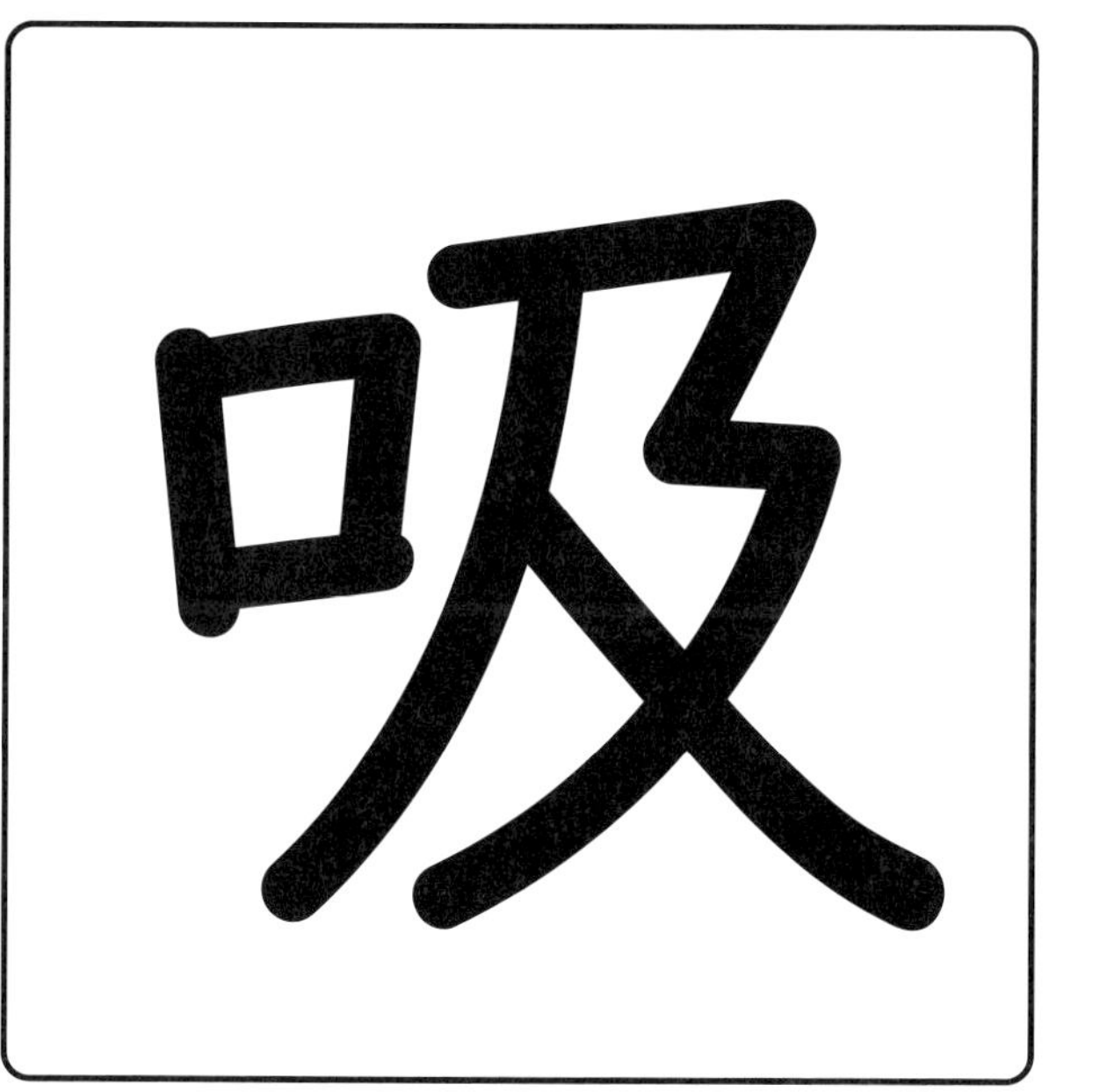

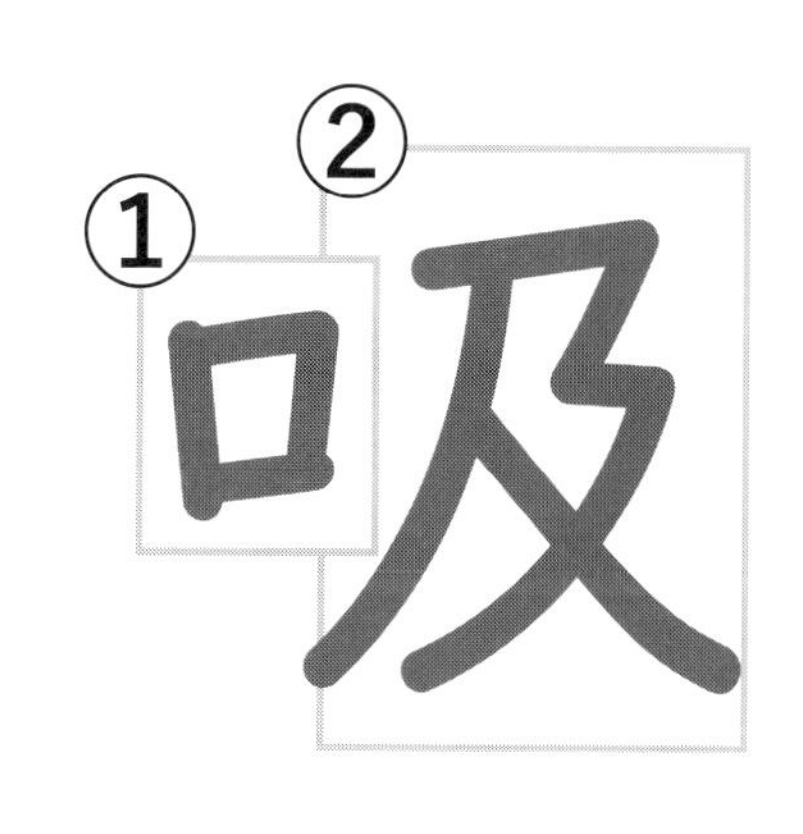

◆すーう
キュウ

●深(ふか)く息(いき)を吸(す)う。
ゴミを吸引(きゅう いん)する。

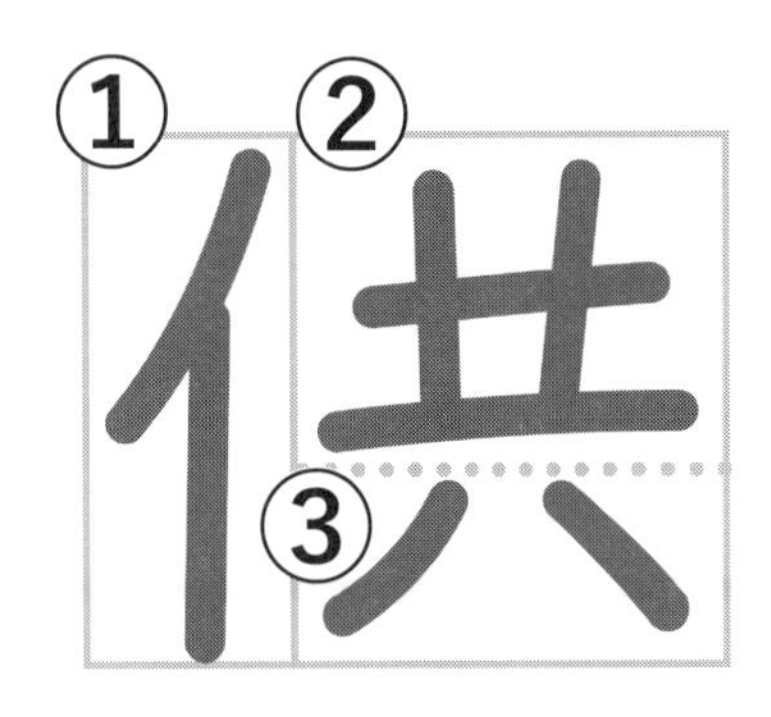

◆そな－える
とも
キョウ、ク

●仏前(ぶつぜん)に果物(くだもの)を供(そな)える。
祖父(そふ)の散歩(さんぽ)にお供(とも)する。
供給(きょうきゅう)
供物(くもつ)
＝神様(かみさま)や仏様(ほとけさま)に供(そな)える物(もの)。

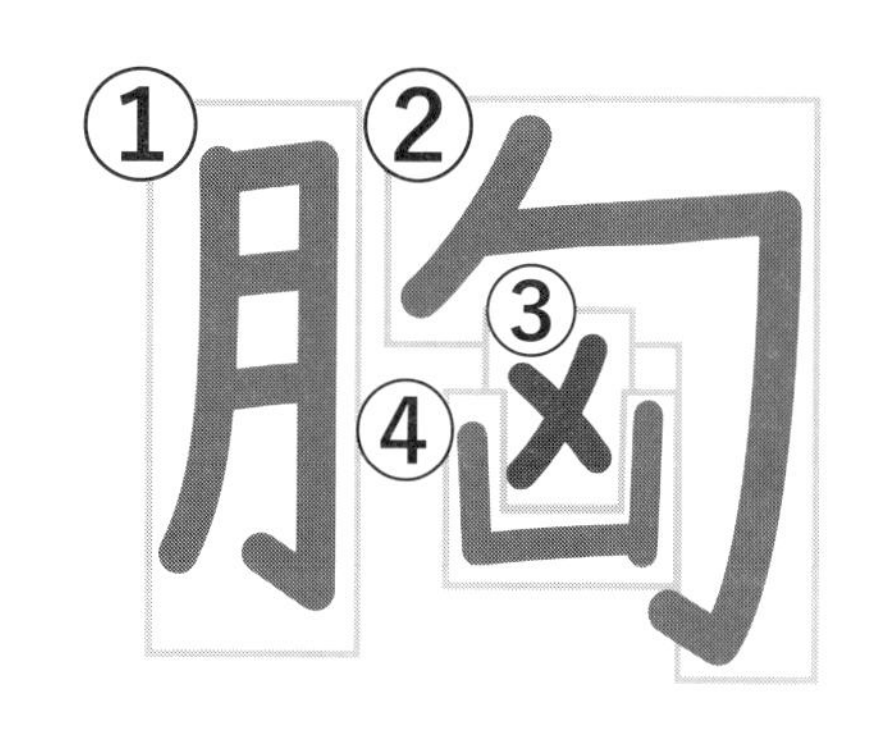

◆むね、むな
キョウ

●胸（むね）を張（は）る。
胸（むな）さわぎがする。
胸囲（きょうい）

①②③ 郷

郷

ふるさと／場所（ばしょ）

◆―

キョウ、ゴウ

●郷土（きょうど）を大切（たいせつ）に思（おも）う。

水郷（すいごう）

＝川（かわ）や湖（みずうみ）の景色（けしき）が美（うつく）しい町（まち）や村（むら）。

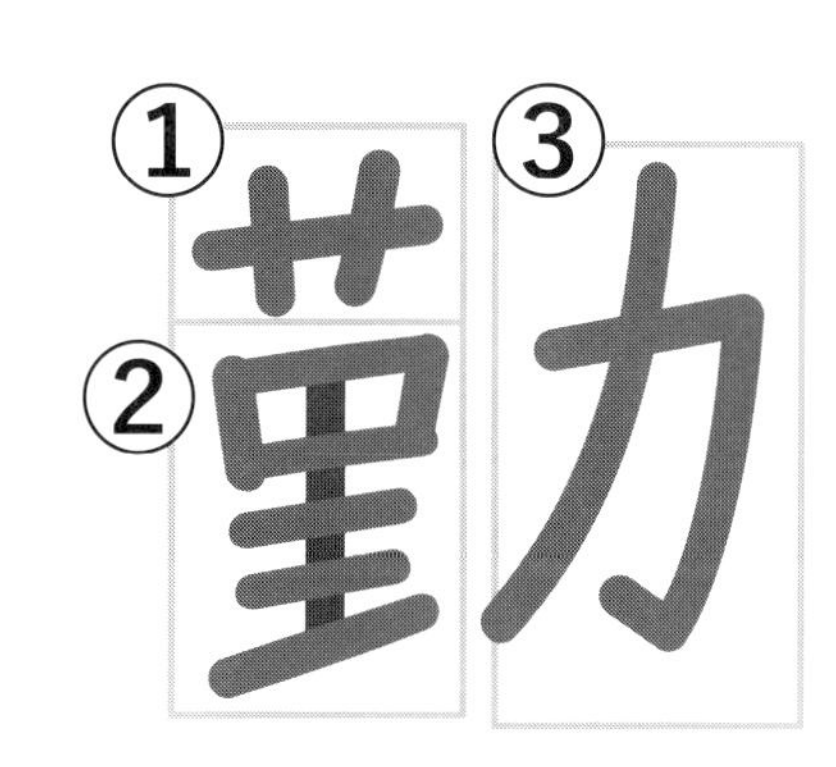

◆つと－める、つと－まる
キン、ゴン
●会社(かいしゃ)に勤（つと）める。
9時(じ)～5時(じ)まで勤務（きんむ）する。

筋

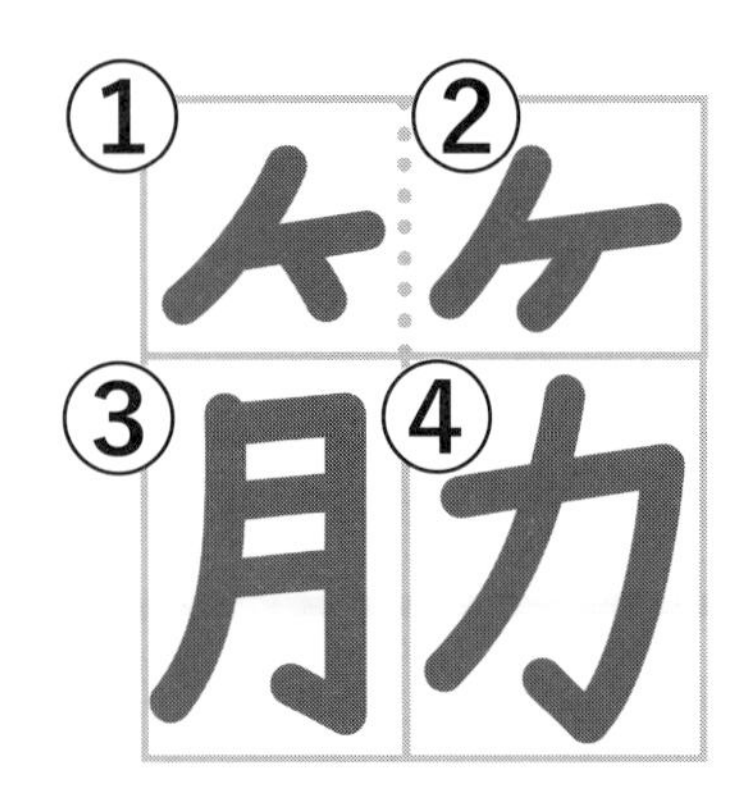

◆すじ
キン

●筋道（すじみち）を立（た）てて話（はな）す。
筋肉（きんにく）

◆―

ケイ

●系統（けいとう）

家系図（かけいず）を見（み）る。

つながり／筋道（すじみち）

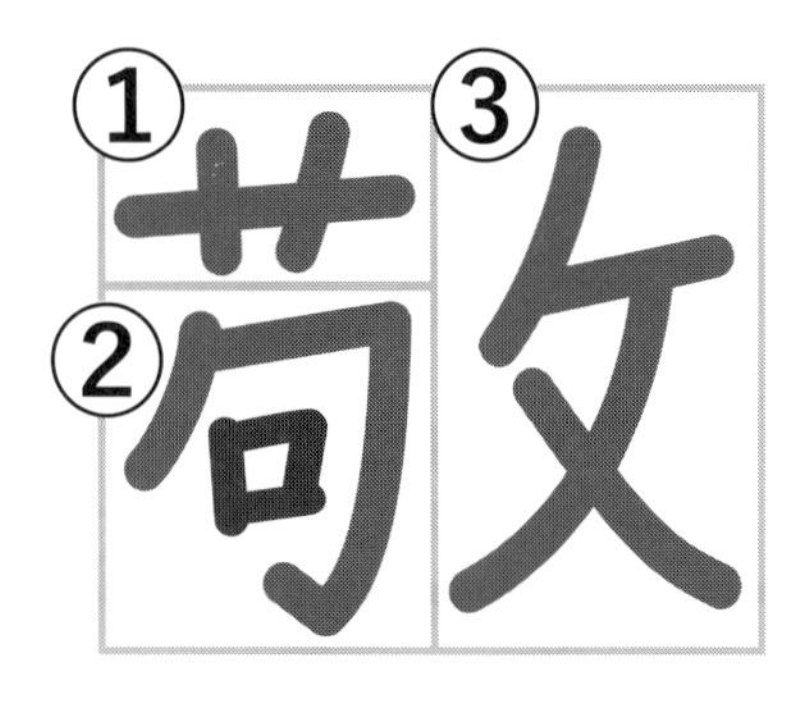

◆うやま－う
ケイ
●相手(あいて)を敬(うやま)う。
敬老(けいろう)の日(ひ)

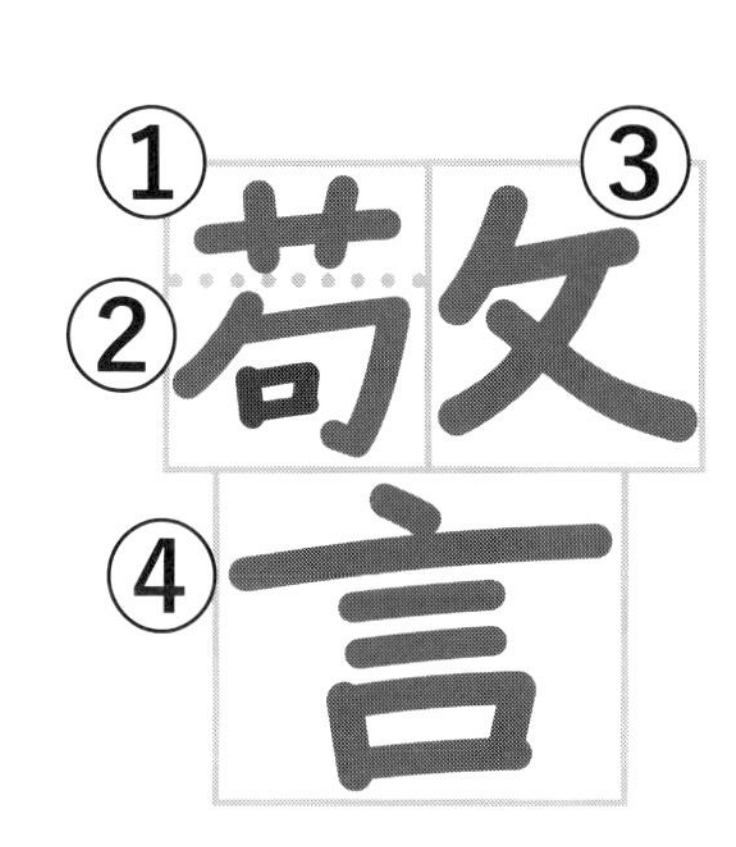

◆ —

● ケイ

警備（けいび）員(いん)

警察署（けいさつしょ）

警告（けいこく）を受(う)ける。

用心(ようじん)させる／守(まも)る

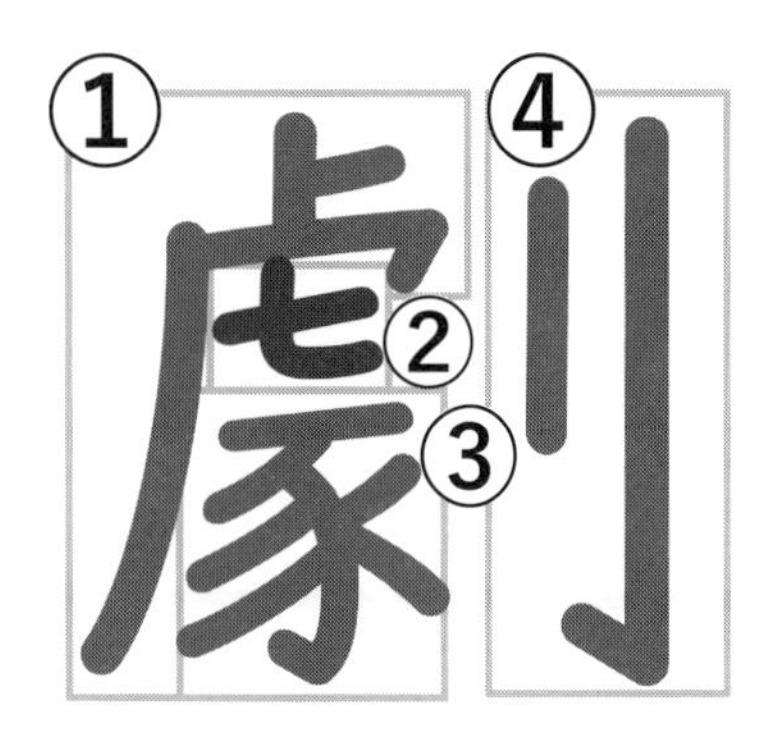

しばい／はげしい

◆ ―

ゲキ

● 演劇（えんげき）

劇的（げきてき）なホームラン

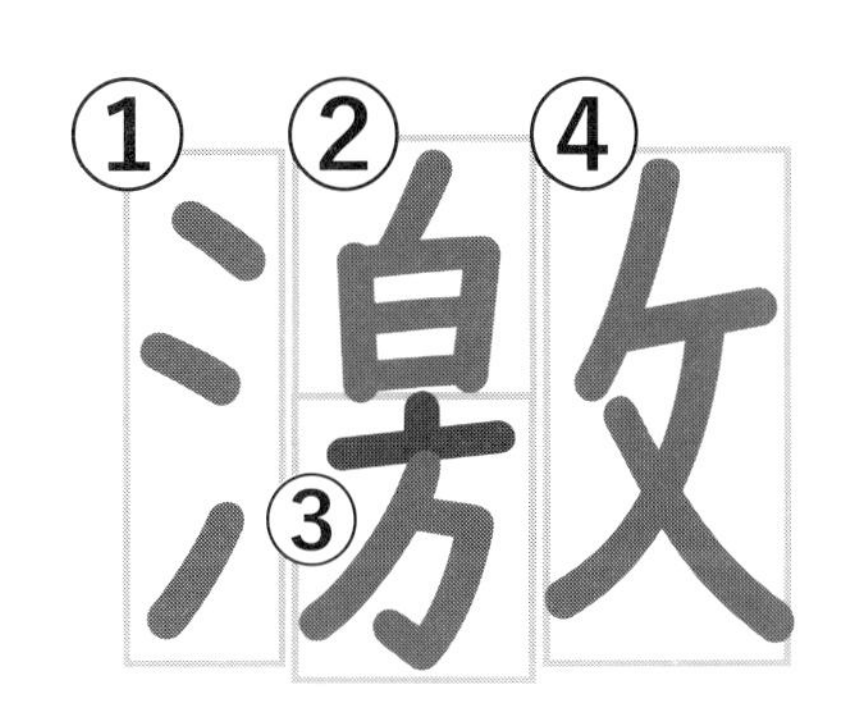

◆はげ－しい

ゲキ

●激（はげ）しい雨（あめ）が降（ふ）り出（だ）す。

激動（げきどう）する世界（せかい）

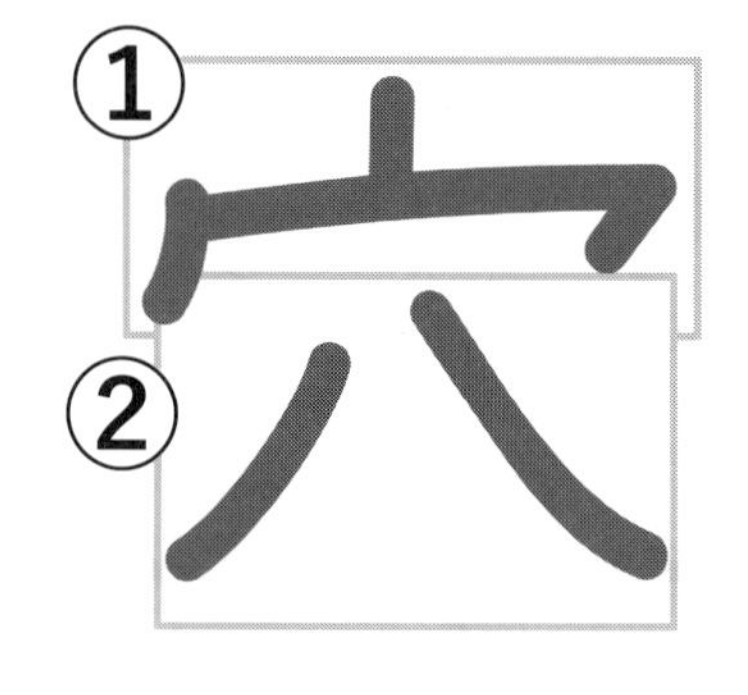

◆あな

ケツ

●野(の)うさぎの巣穴（すあな）

墓穴（ぼけつ）をほる。

＝自分(じぶん)で自分(じぶん)が不利(ふり)になる原因(げんいん)をつくること。

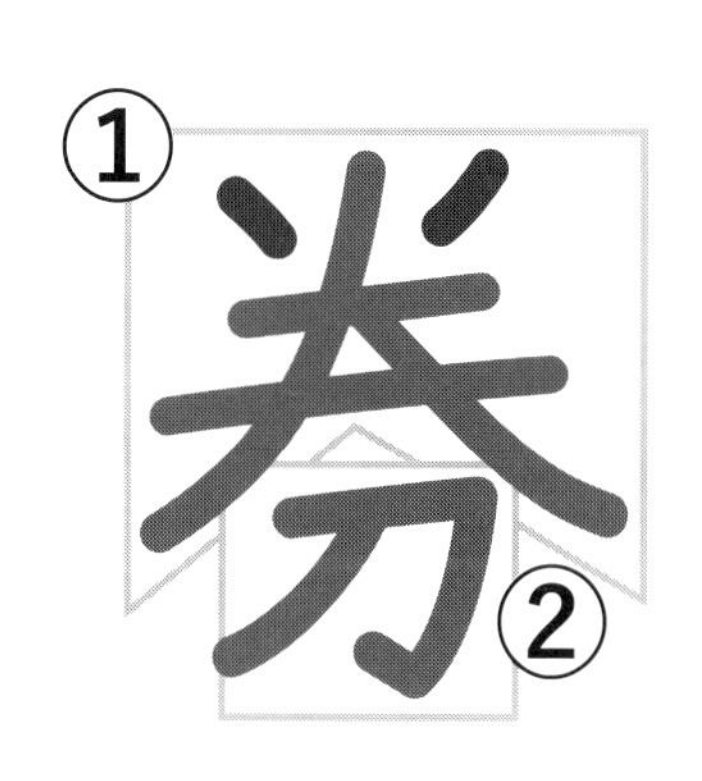

◆ ―

ケン

●食券（しょっけん）を買（か）う。

乗車券（じょうしゃけん）

ふだ／切符（きっぷ）

絹

◆きぬ

ケン

●絹（きぬ）の布地（ぬのじ）

正絹（しょうけん）＝絹（きぬ）100%（パーセント）の糸（いと）

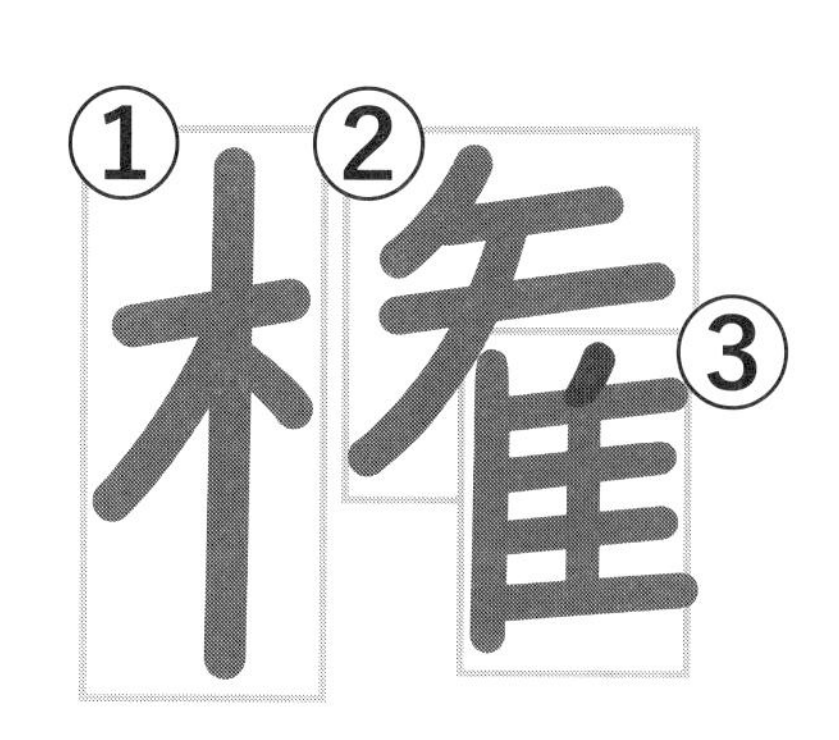

◆ ―

ケン、ゴン

● 権利（けんり）

人権（じんけん）を守（まも）る。

主権（しゅけん）は国民（こくみん）にある。

悪（あく）の権化（ごんげ）

人（ひと）や物事（ものごと）を自由（じゆう）にできる力（ちから）

一番(いちばん)もとになるきまり

◆ ―― ケン

● 憲法（けん ぽう）
合憲（ごう けん）
＝憲法(けんぽう)の規定(きてい)に違反(いはん)していないこと。

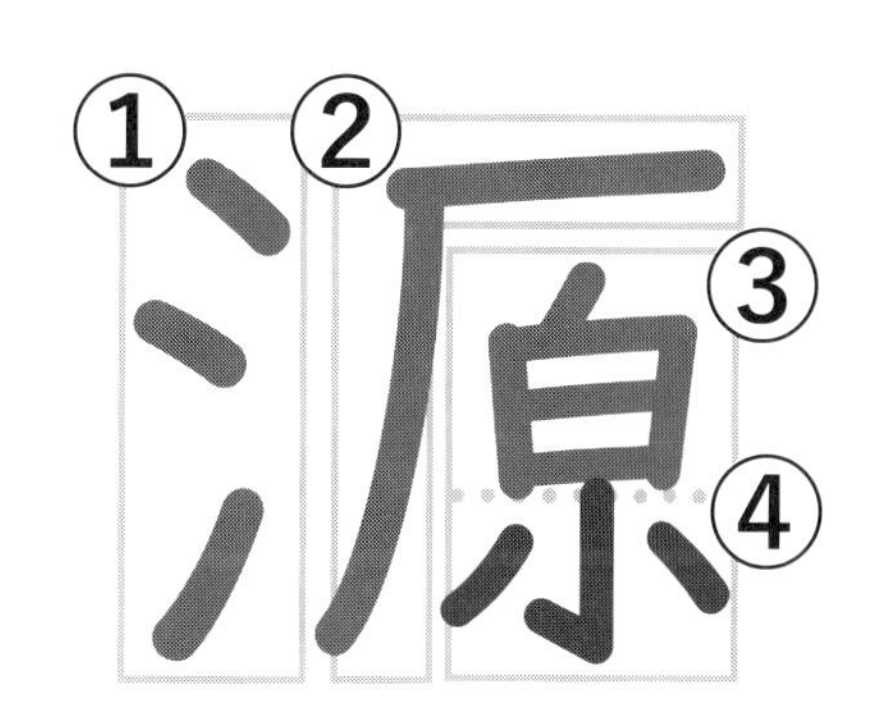

◆みなもと

ゲン

●朝(あさ)ごはんは、元気(げんき)の源(みなもと)だ。

水源（すいげん）

電源（でんげん）

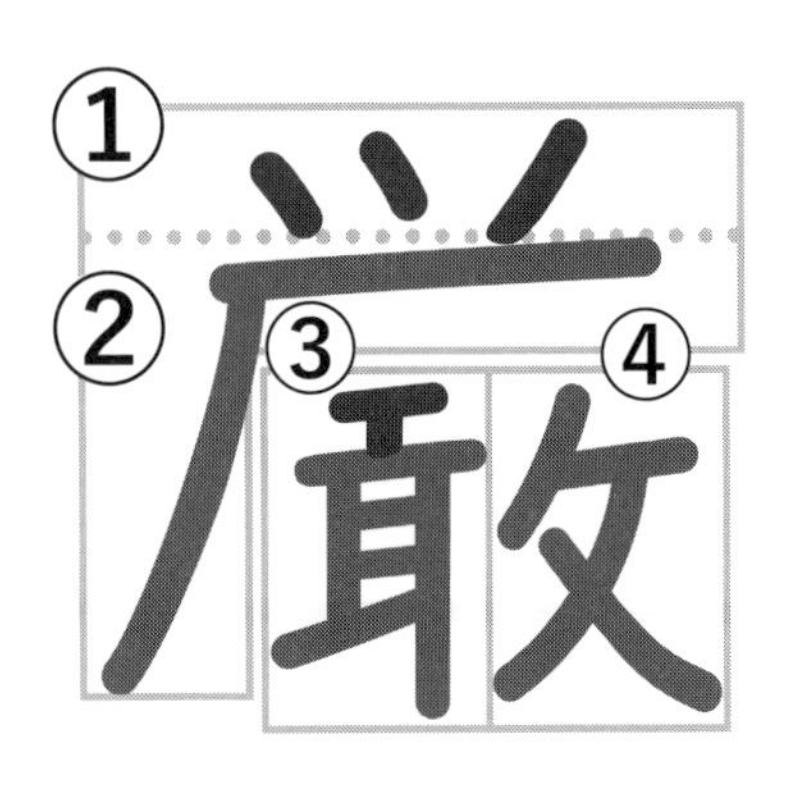

◆きび－しい
おごそ－か
ゲン、ゴン

●厳（きび）しい寒(さむ)さ
厳（おごそ）かな曲(きょく)
厳重（げんじゅう）注意(ちゅうい)
火気(かき)厳禁（げんきん）
荘厳（そうごん）な音楽(おんがく)

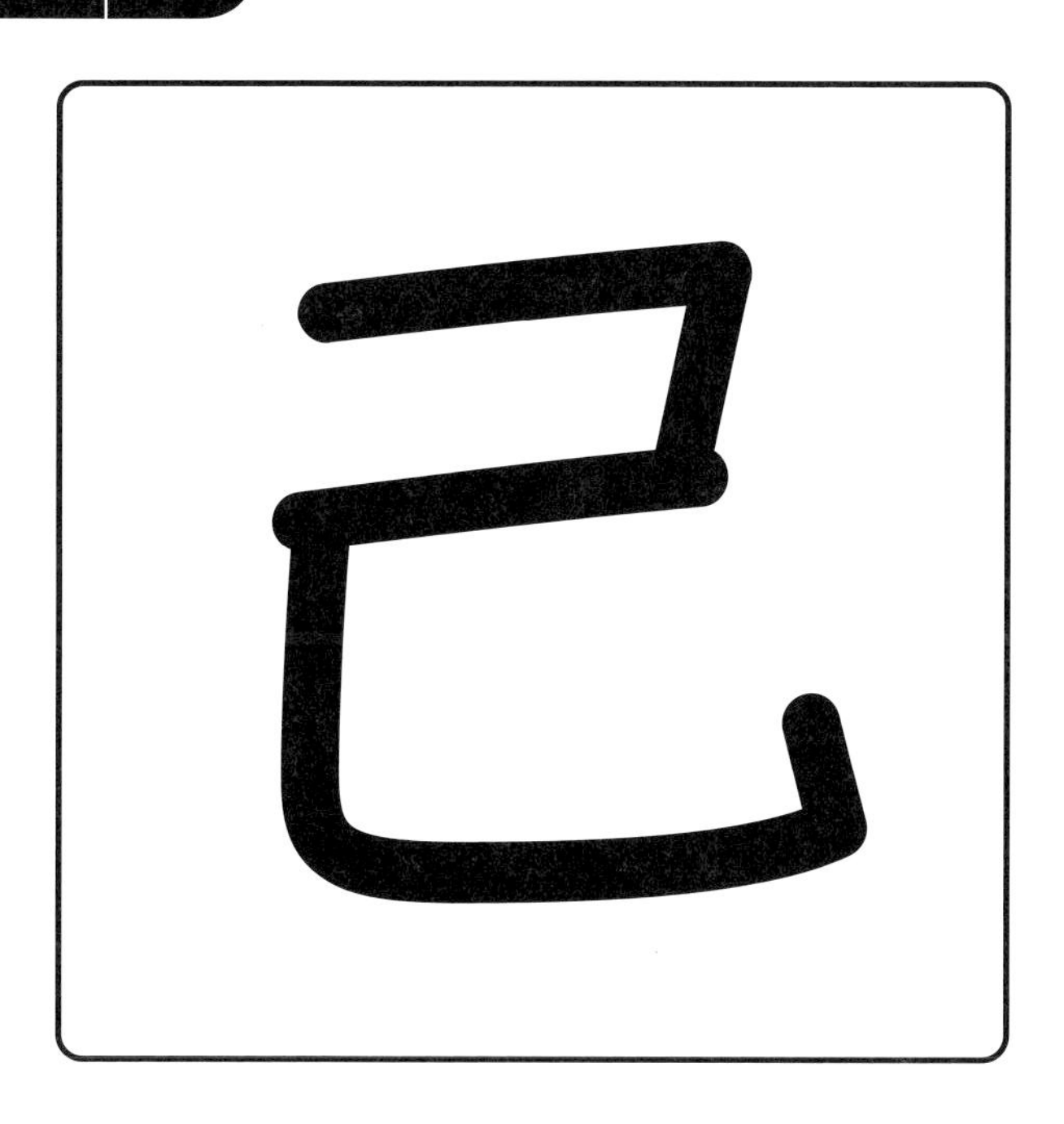

◆おのれ

コ、キ

●己（おのれ）を知（し）ることは難（むずか）しい。

自己（じこ）

知己（ちき）＝知人（ちじん）や友人（ゆうじん）のこと。

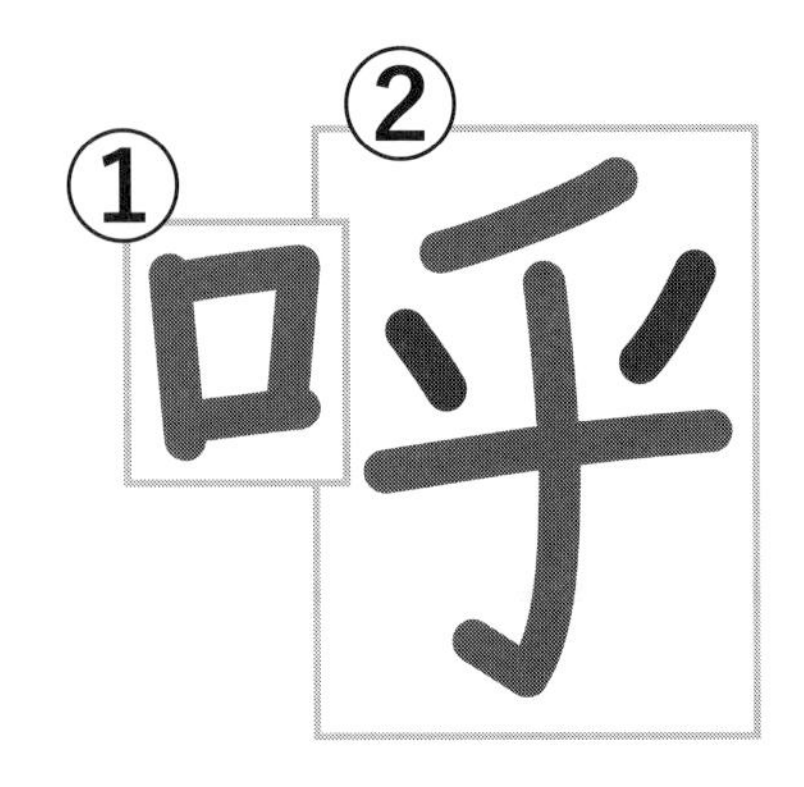

◆よーぶ

コ

●名前（なまえ）を呼（よ）ぶ。

ゆっくり呼吸（こきゅう）する。

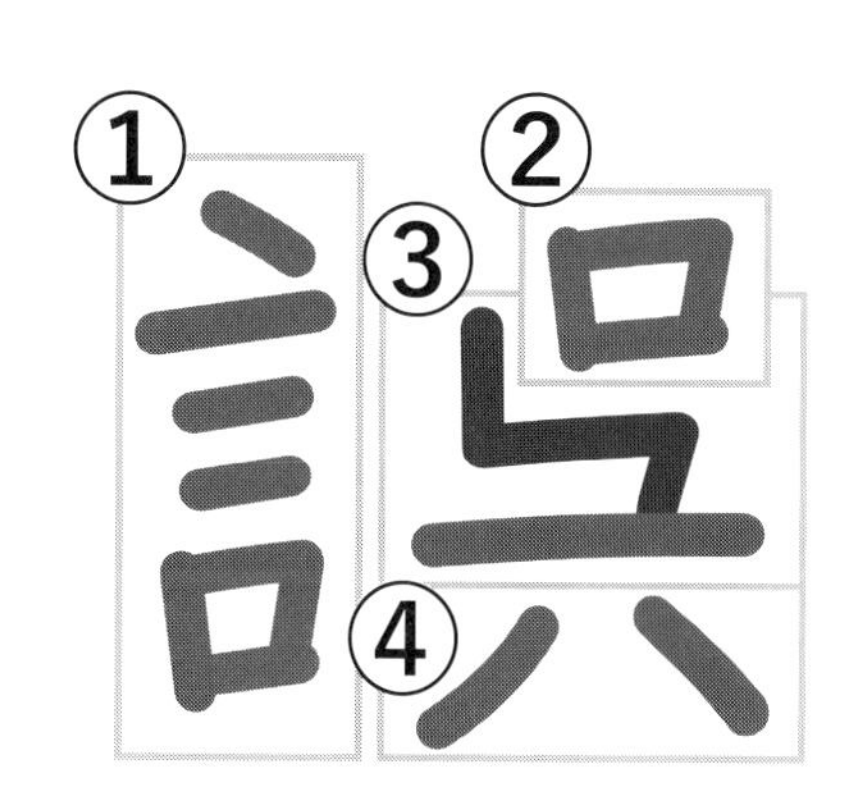

◆あやま－る

ゴ

●判断（はんだん）を誤（あやま）る。

誤解（ご　かい）する。

まちがえる

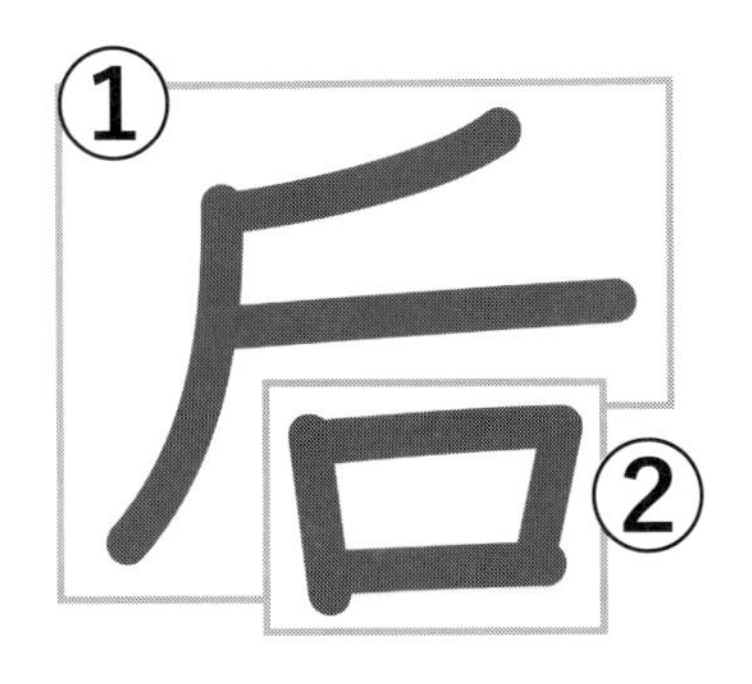

きさき

◆ ―

コウ

● 皇后（こうごう*）

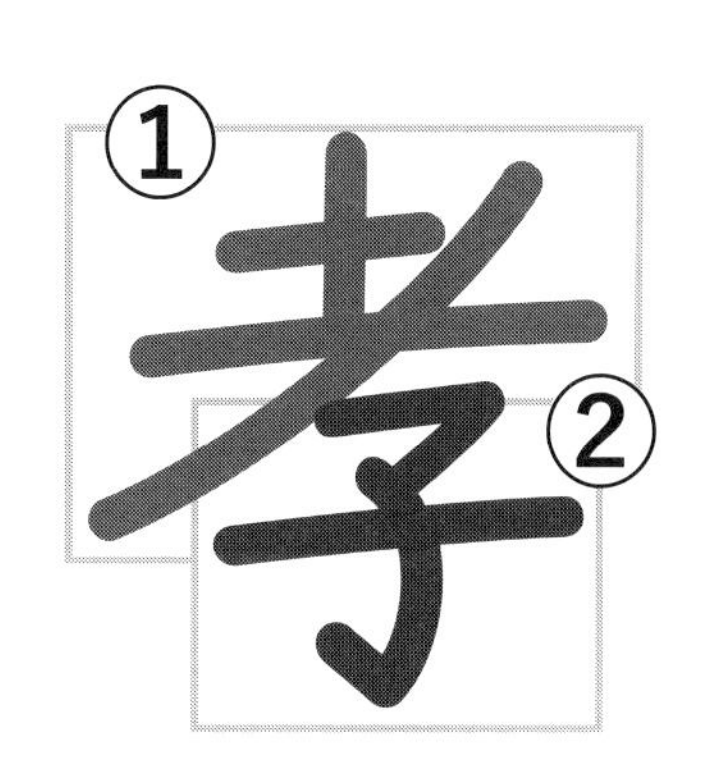

◆―

コウ

●孝行（こう　こう）

親不孝（おや　ふ　こう）

親（おや）を大切（たいせつ）にする

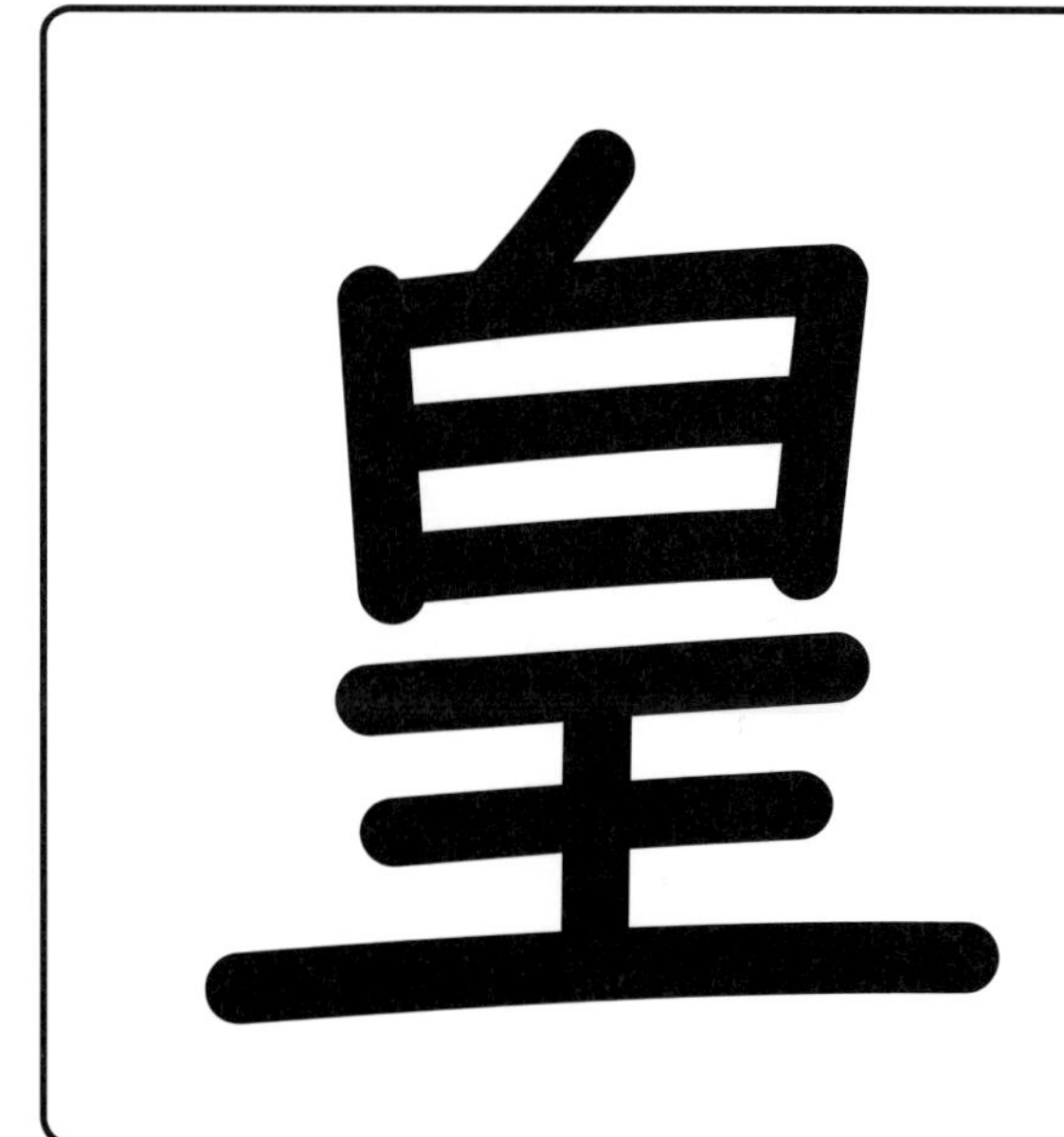

一番（いちばん）はじめの王（おう）

◆ —

コウ、オウ

●皇居（こうきょ）

法皇（ほうおう）

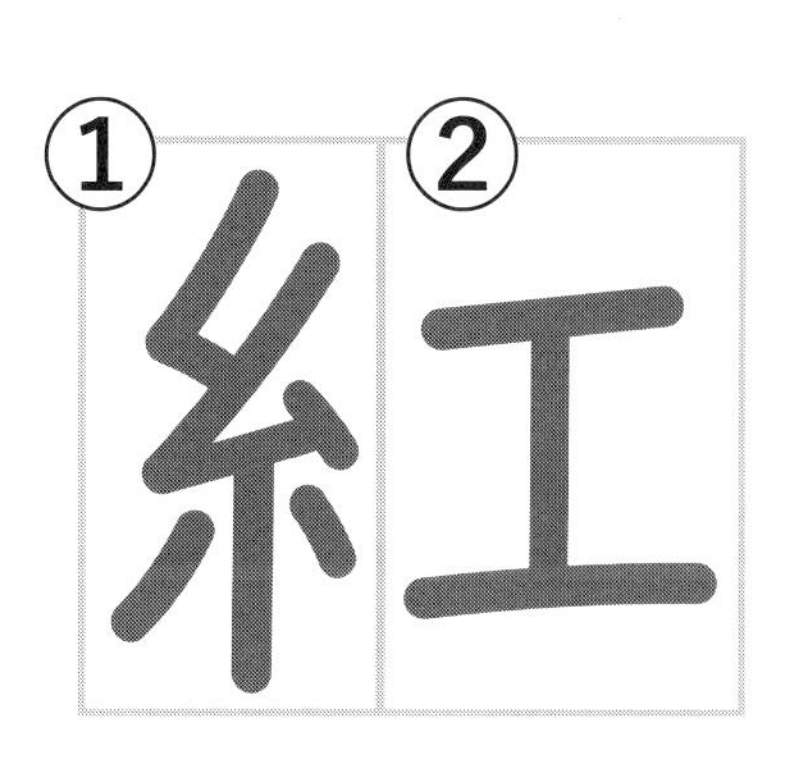

◆べに、くれない
コウ、ク

●口紅（くちべに）の色（いろ）
紅（くれない）の着物（きもの）
紅茶（こうちゃ）
深紅（しんく）の旗（はた）

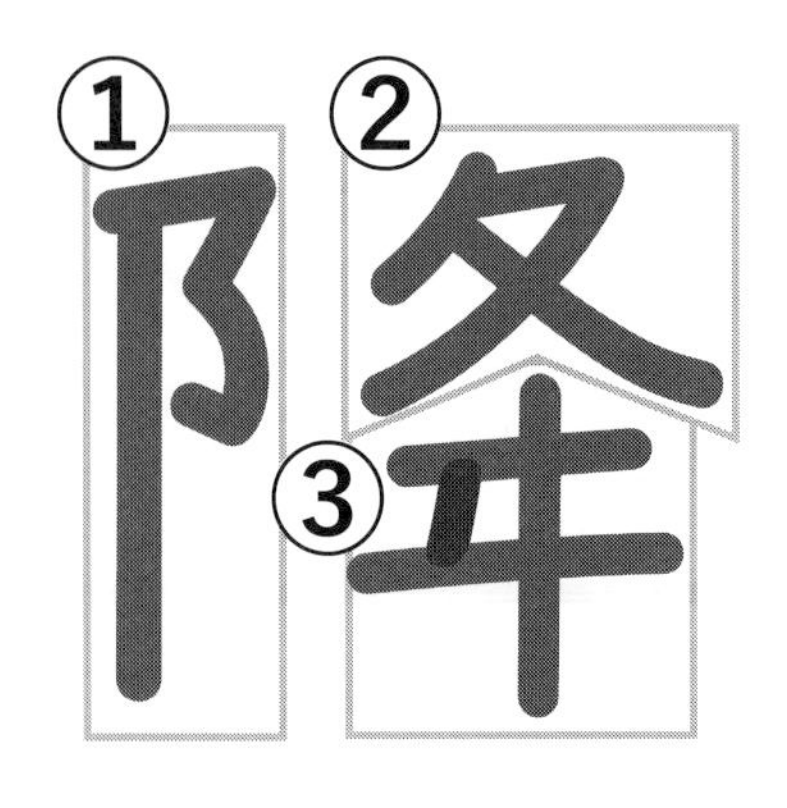

◆お-りる、お-ろす

ふ-る

コウ

●列車（れっしゃ）を降（お）りる。

荷物（にもつ）を降（お）ろす。

雨（あめ）が降（ふ）る。

降雪（こうせつ）

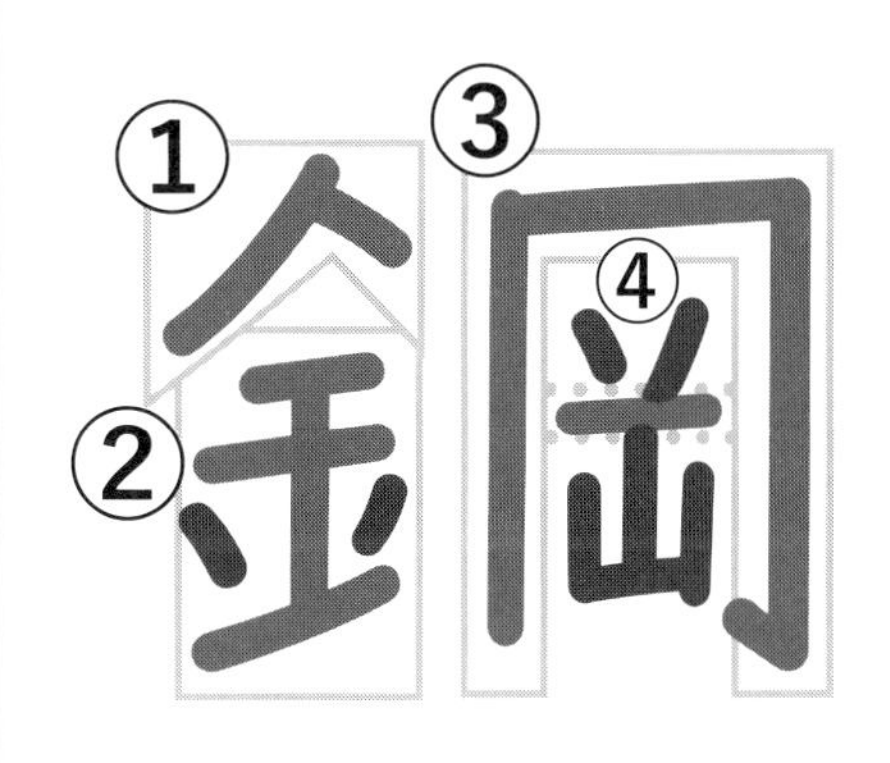

◆はがね

コウ

●鋼（はがね）のように固（かた）い意志（いし）

鋼鉄（こうてつ）

刻

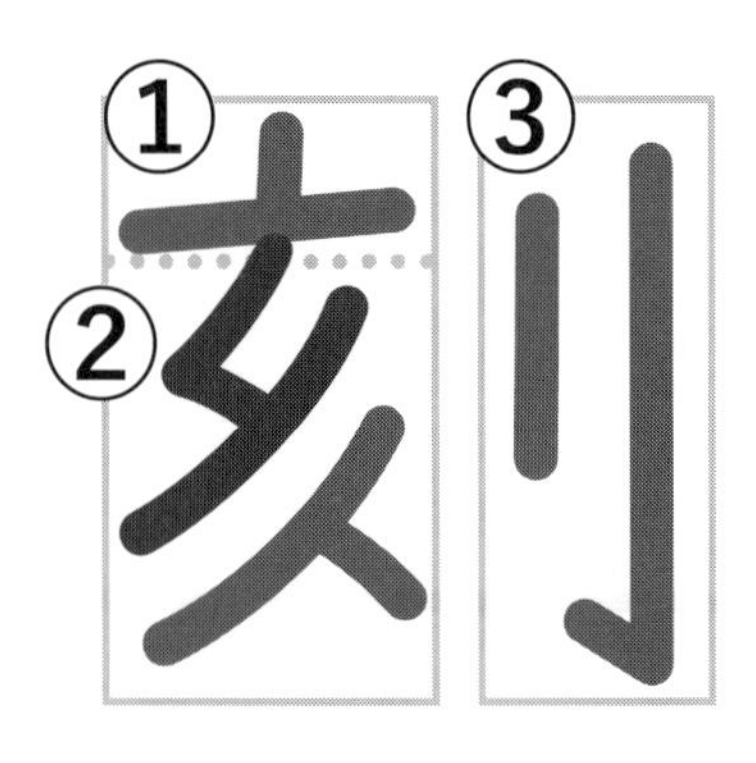

◆きざ－む

コク

●野菜（やさい）を刻（きざ）む。

時刻（じこく）

穀

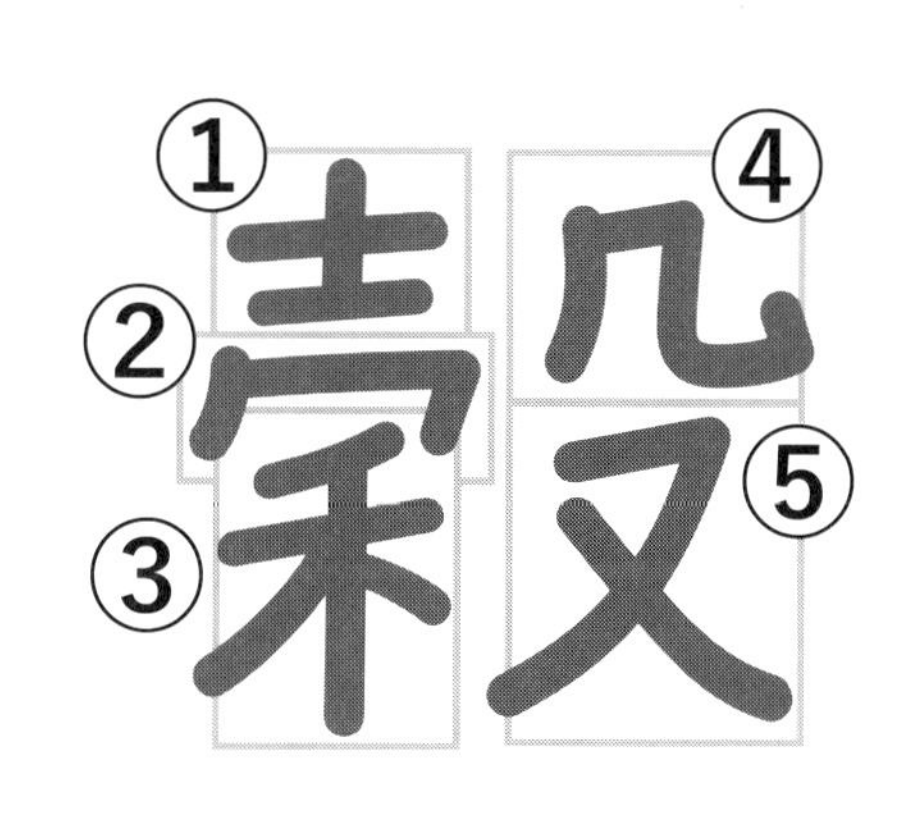

◆ コク

● 穀物（こくもつ）
雑穀米（ざっこくまい）を食（た）べる。

もみのついた稲（いね）

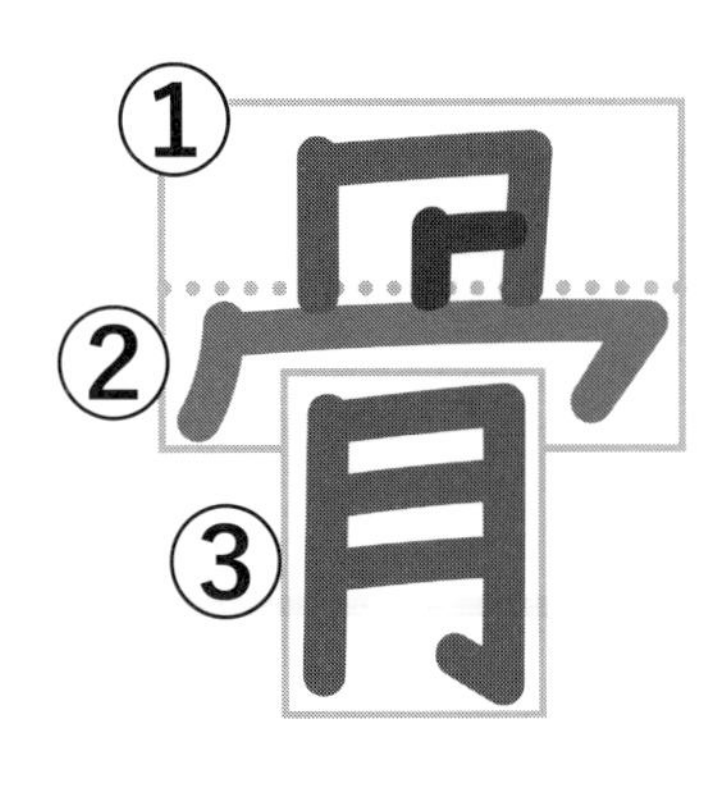

◆ほね
コツ

●じょうぶな骨（ほね）
骨格（こっかく）
気骨（きこつ）にあふれた人物（じんぶつ）
気骨（きこつ）＝自分（じぶん）の信（しん）じることをつらぬく強（つよ）い心（こころ）。

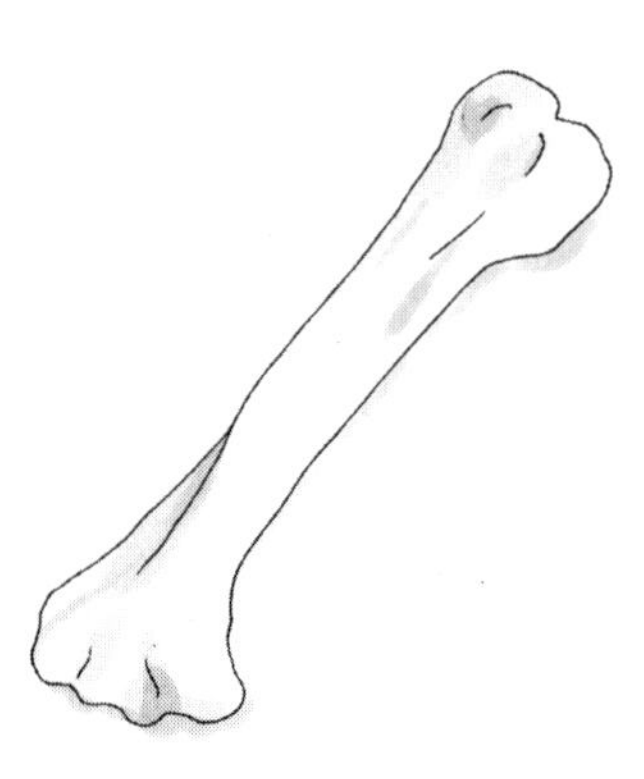

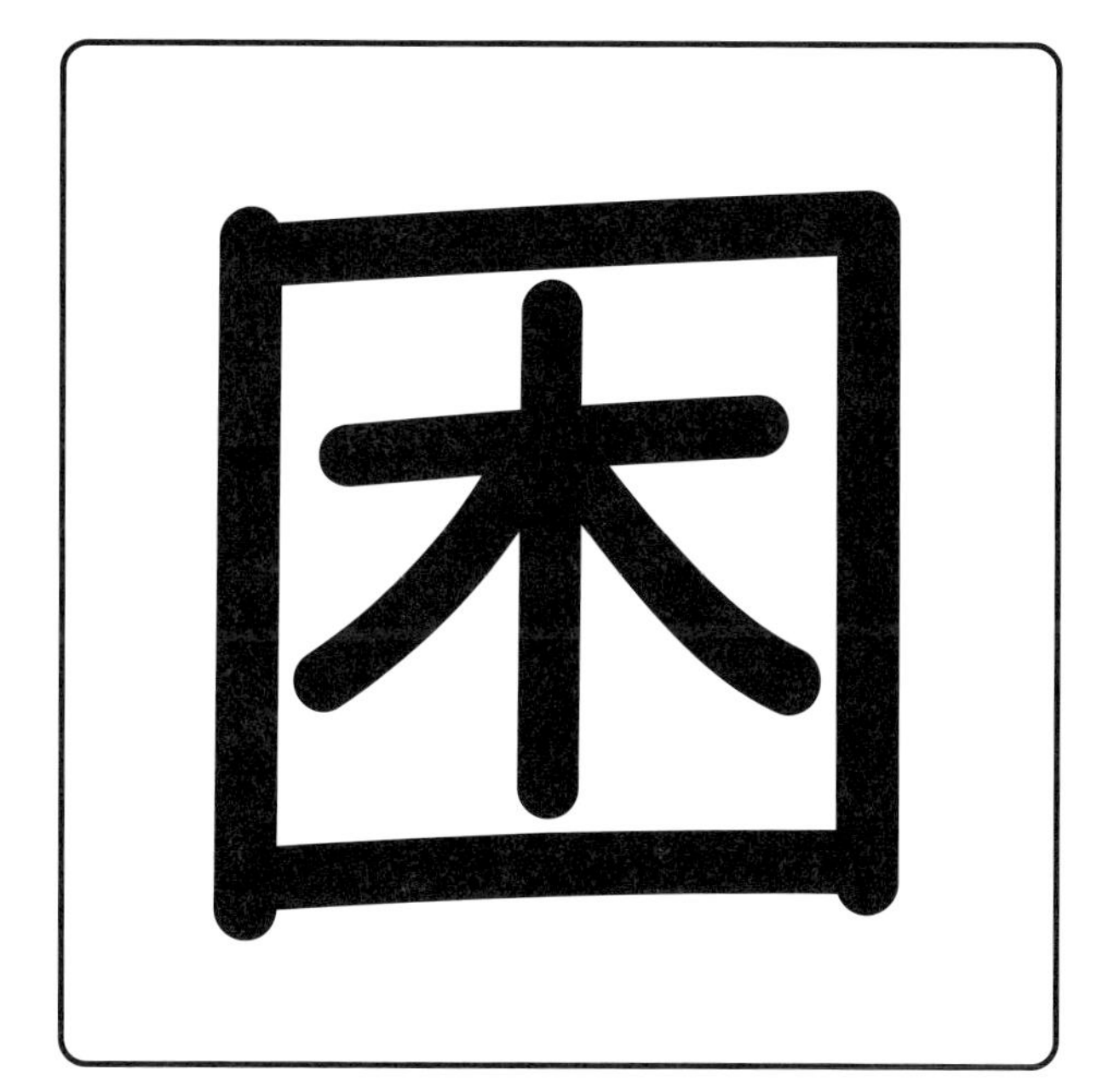

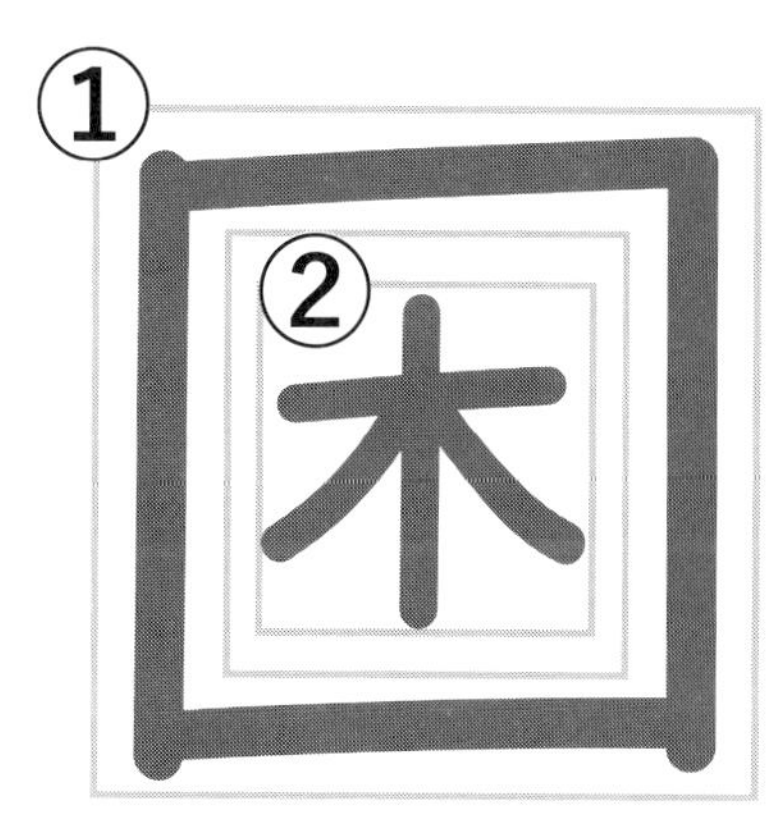

◆こま－る
コン

●正解(せいかい)が分(わ)からず困(こま)る。
困難(こんなん)な旅(たび)

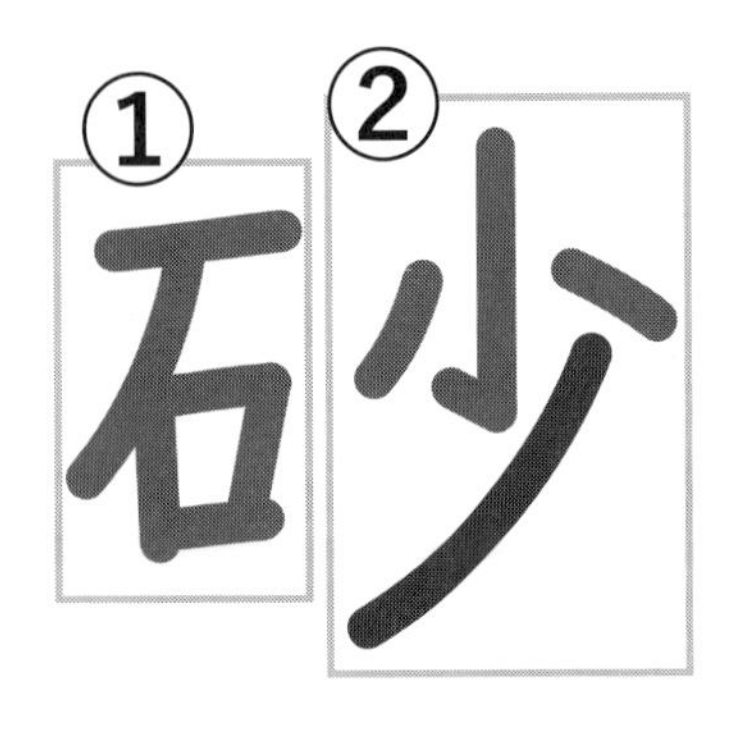

◆すな
サ、シャ
●砂時計（すなどけい）
砂鉄（さてつ）
土砂（どしゃ）が流（なが）れてくる。

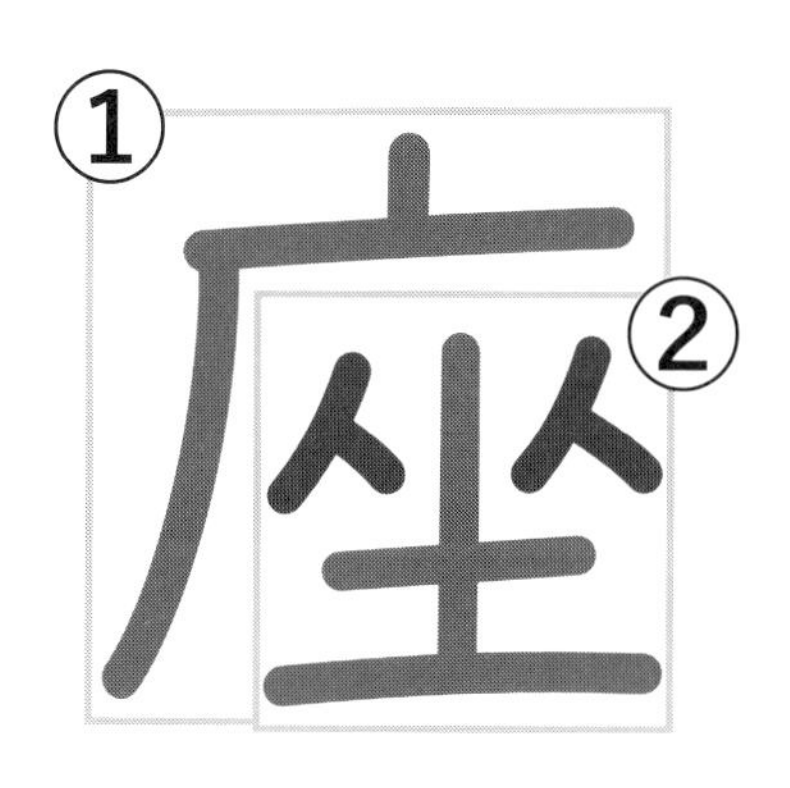

◆すわ－る

ザ

●真(ま)ん中(なか)に座(すわ)る。

星座（せいざ）

座席（ざせき）

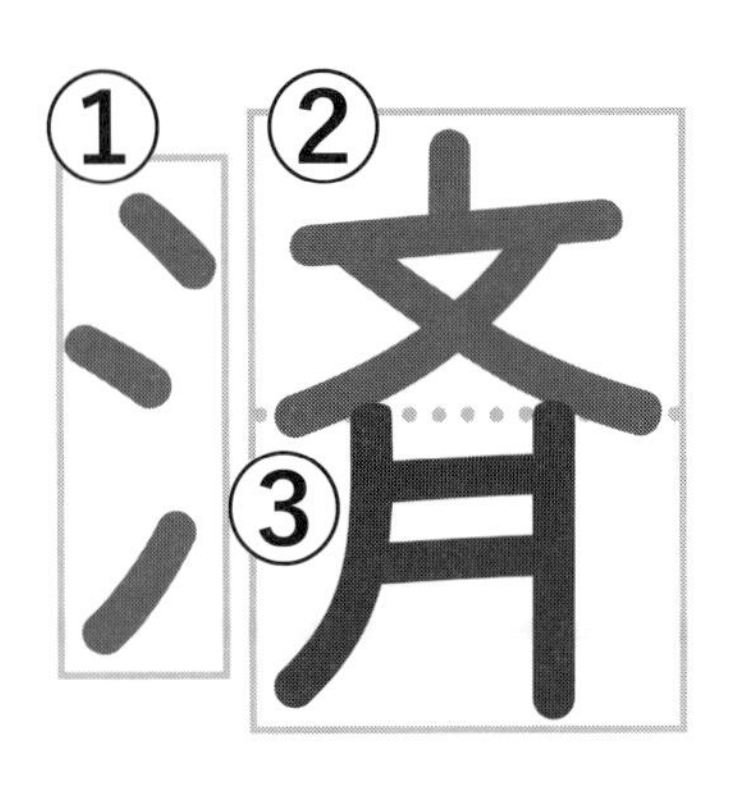

◆す－む、す－ます

サイ

●行(い)かずに済(す)む。

食事(しょくじ)を済(す)ます。

難民(なんみん)を救済(きゅうさい)する。

経済(けいざい)＊

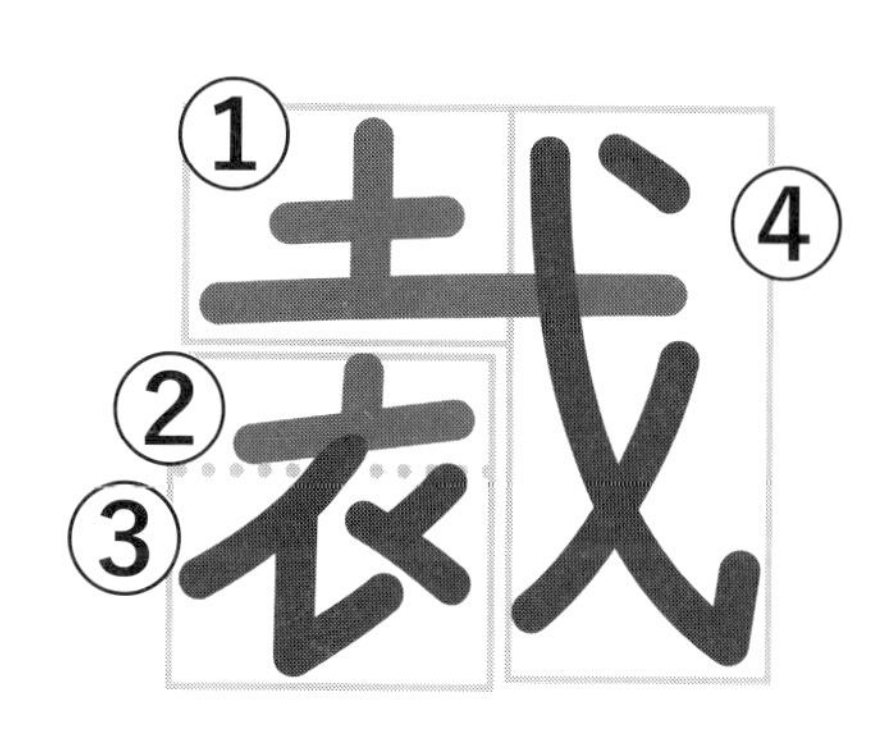

◆さば－く
たーつ
サイ

●犯罪(はんざい)を裁(さば)く。
ワンピース用(よう)の布(ぬの)を裁(た)つ。
裁つ＝布(ぬの)や紙(かみ)を寸法(すんぽう)に合(あ)わせて切(き)ること。
裁判(さいばん)

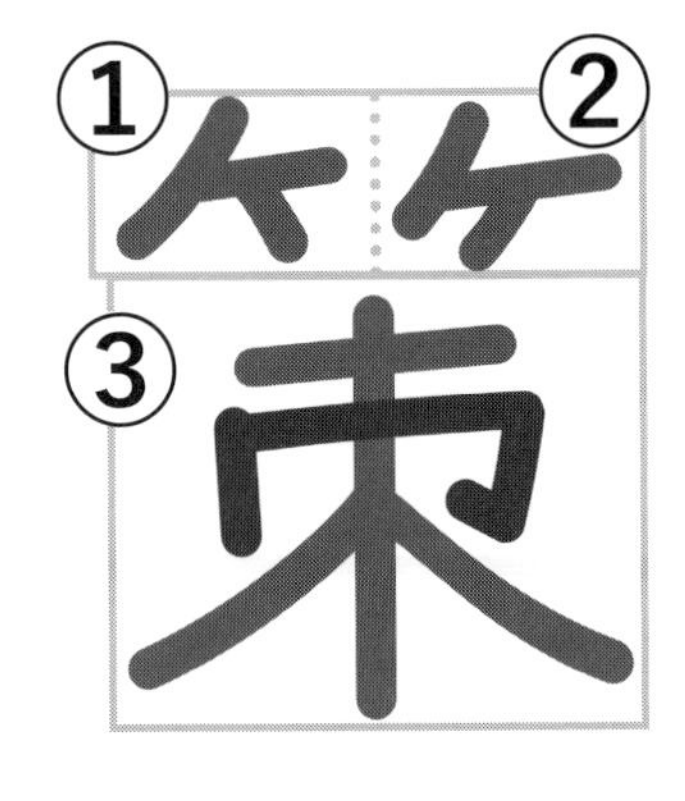

はかりごと

◆ ― サク

● 政策（せいさく）
対策（たいさく）を立（た）てる。

◆――サツ、サク

●一冊（いっさつ）の本

短冊（たんざく）＊に願（ねが）いごとを書（か）く。

書物（しょもつ）

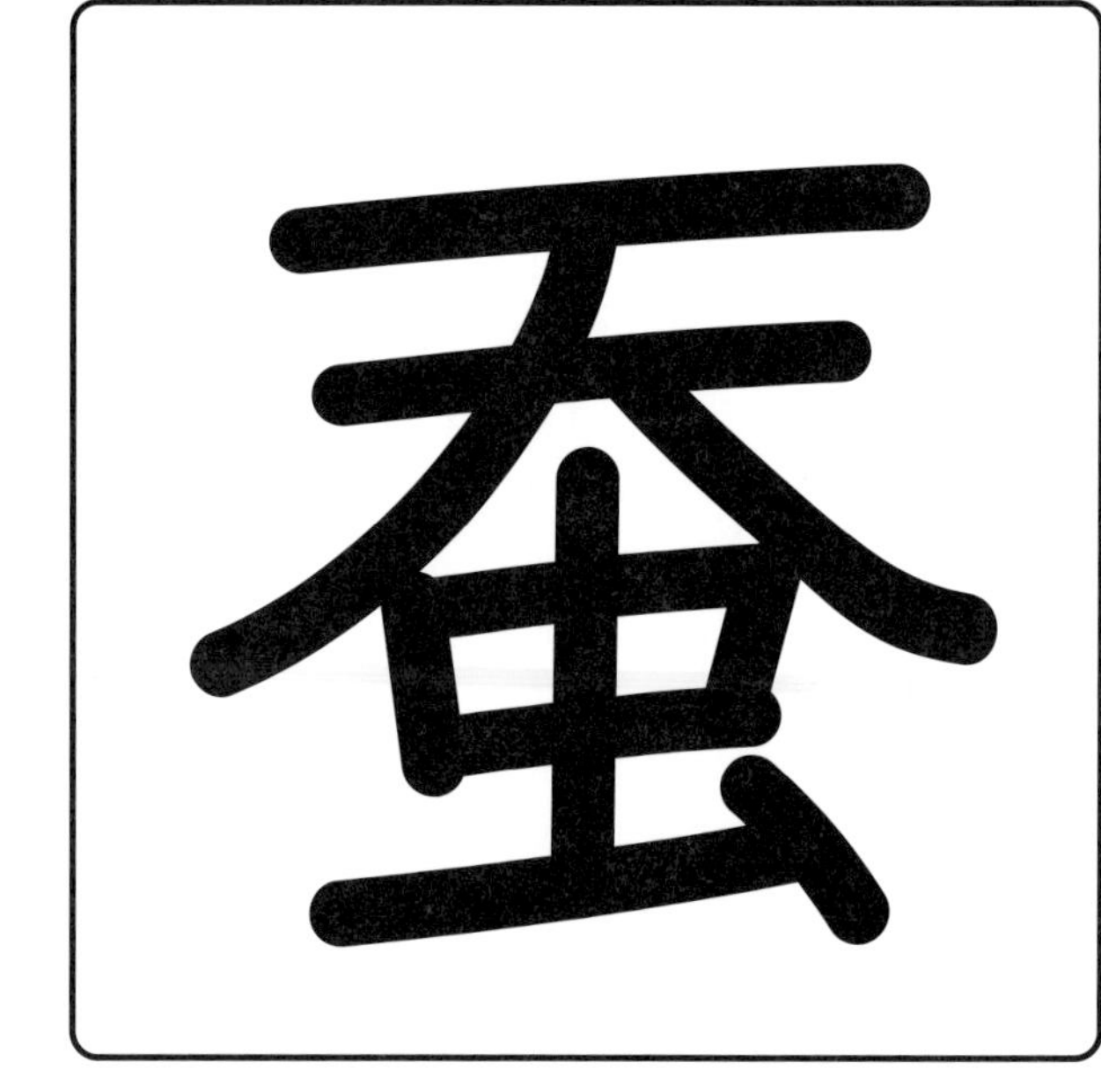

◆かいこ
サン
●蚕（かいこ）が絹糸（きぬいと）を生（う）み出（だ）す。
養蚕（ようさん）

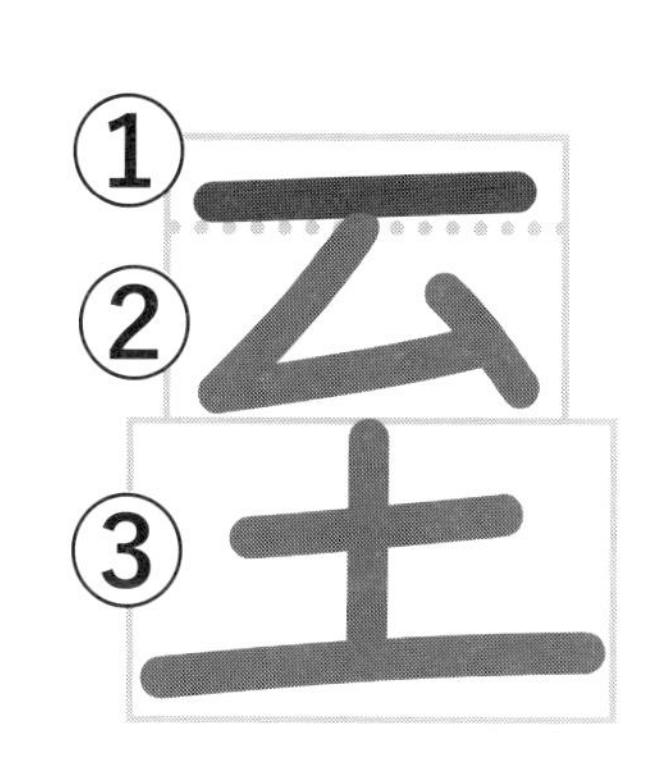

◆いた-る

シ

●至（いた）る所に花がさいている。

夏至（げし）

至急（しきゅう）来てください。

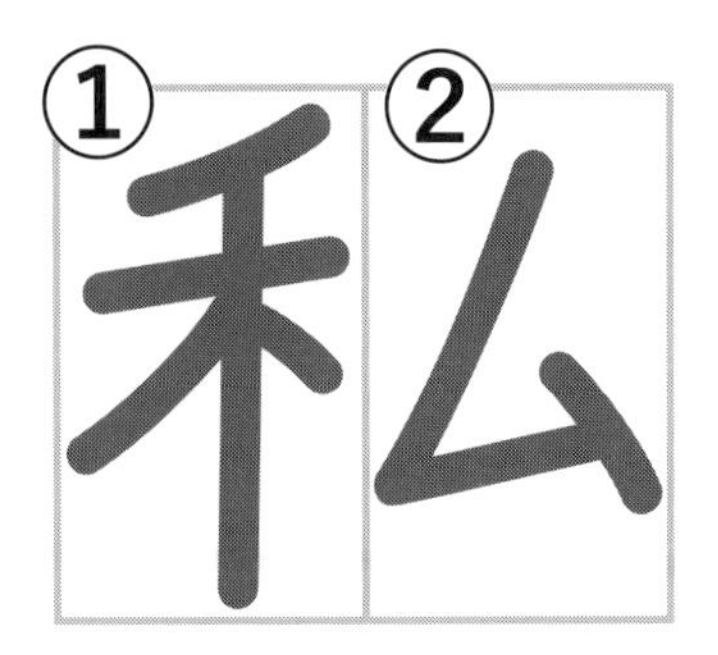

◆わたし、わたくし
シ
●私（わたし）の家（いえ）
私事（わたくしごと）
私服（しふく）

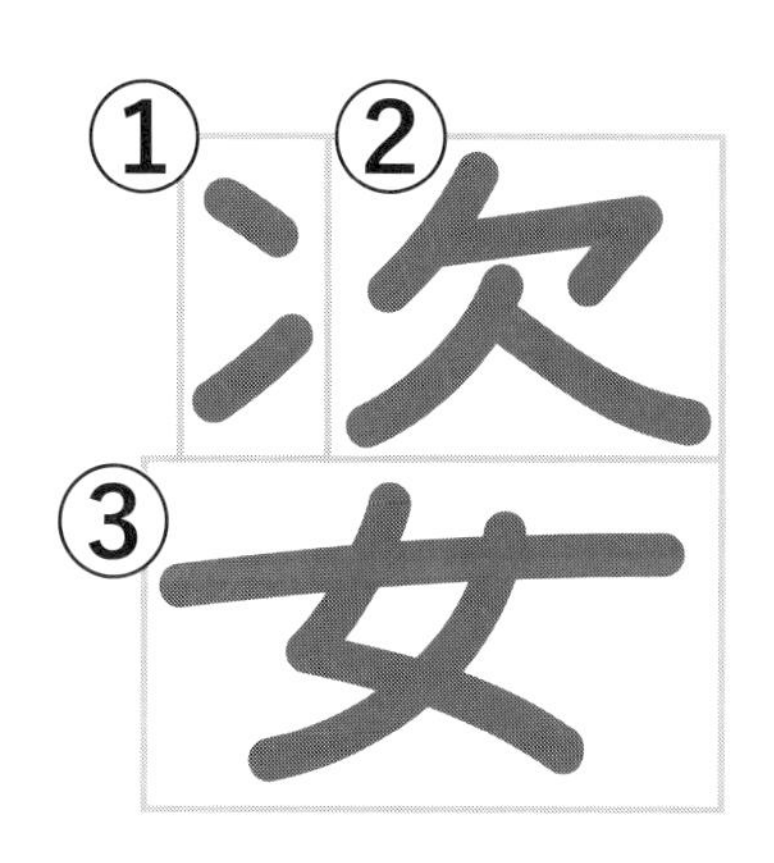

◆すがた

シ

●姿（すがた）を現す。

姿勢（しせい）がいい。

①②

よく見(み)る／…と考(かんが)える

◆ ―

シ

●視力（しりょく）

きりが晴(は)れて視界（しかい）が開(ひら)けた。

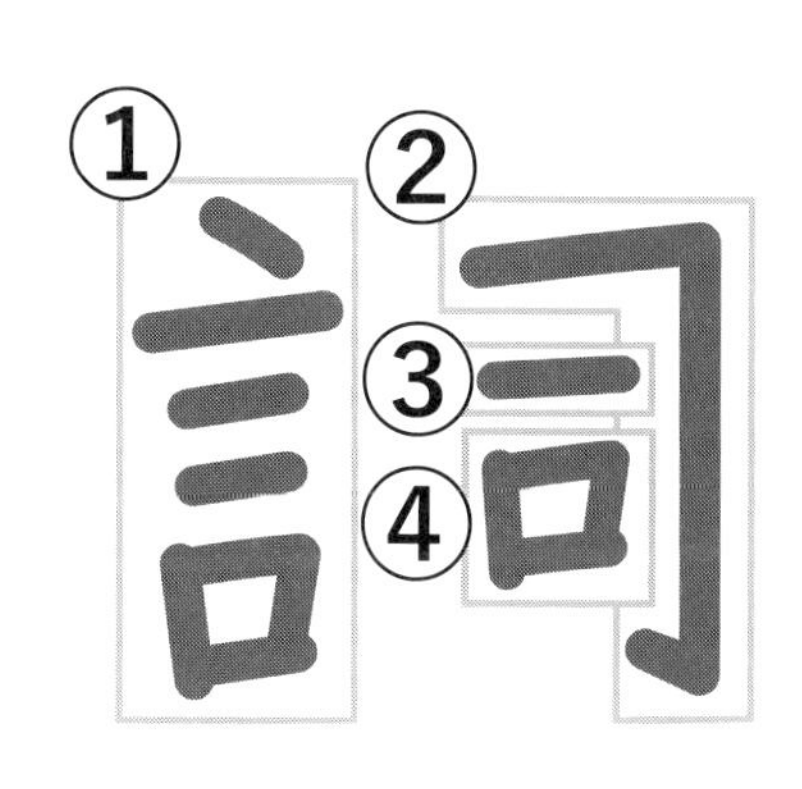

◆ シ

● 歌詞（かし）を見（み）ながら歌（うた）う。

名詞（めいし）

ことば

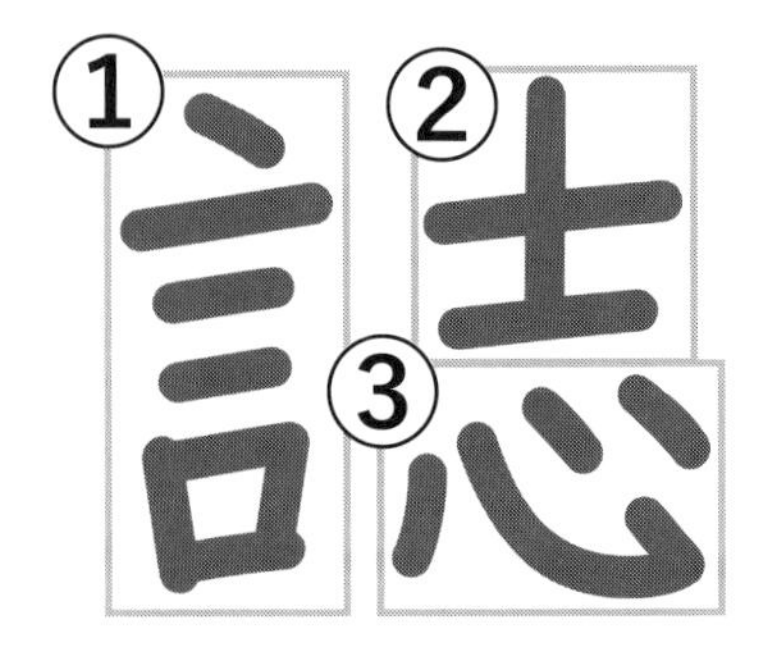

書(か)きしるしたもの

◆ ―

シ

●雑誌（ざっし）

業務(ぎょうむ)日誌（にっし）を書(か)く。

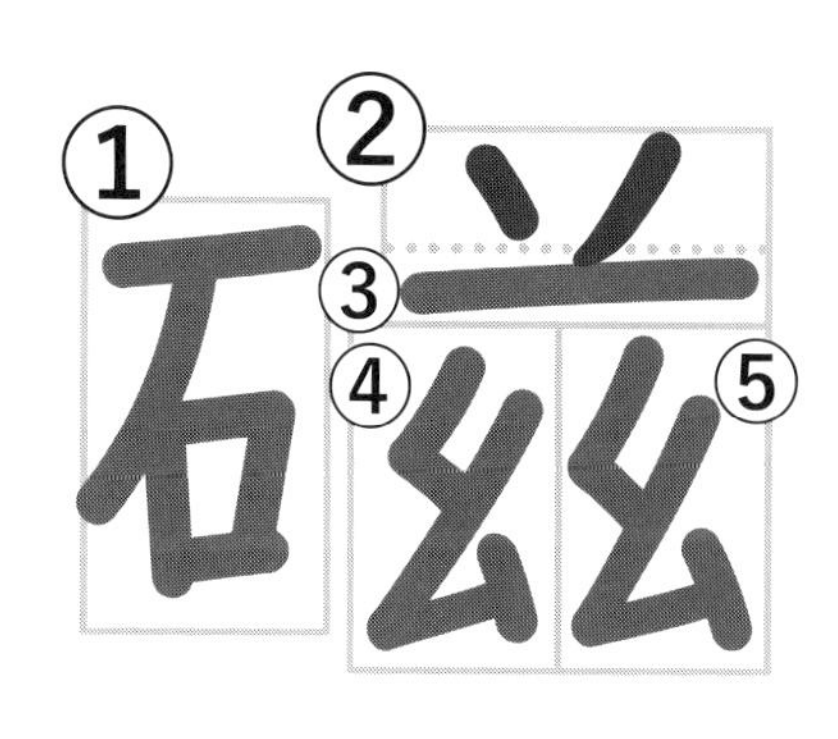

◆ ——

ジ

● 磁石（じしゃく）
陶磁器（とうじき）

鉄（てつ）を引（ひ）きつける性質（せいしつ）

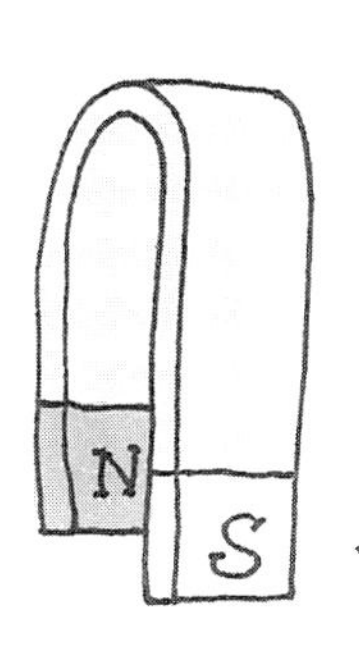

① ②

◆いーる

シャ

●的(まと)を射（い）る。

＝的確(てきかく)に要点(ようてん)をとらえること。

光(ひかり)が反射（はんしゃ）する。

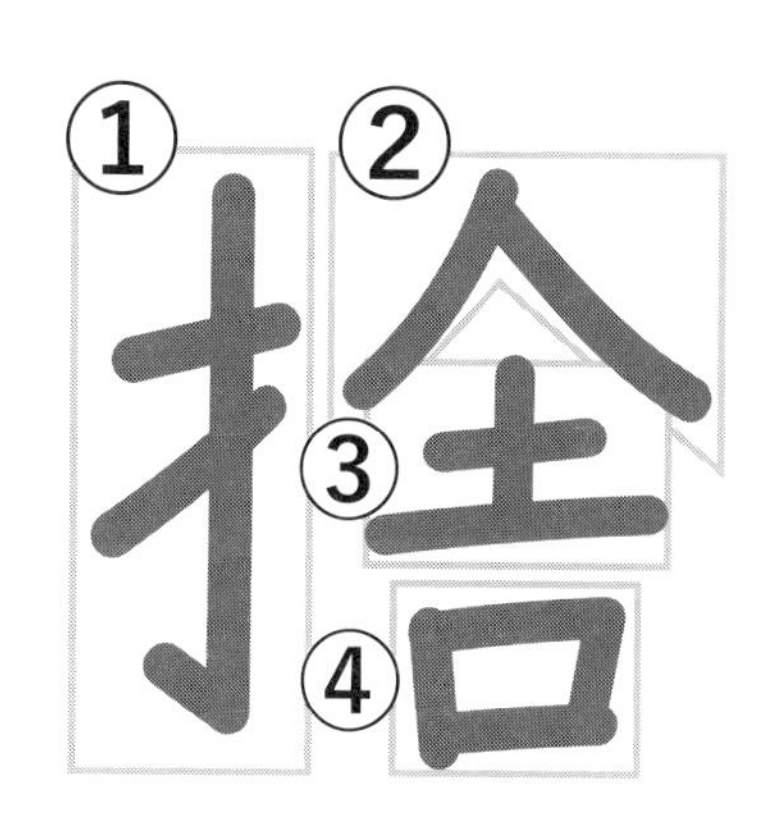

◆す－てる
シャ

●ごみを捨（す）てる。
四捨（ししゃ）五入（ごにゅう）

昔の長さの単位／長さ

◆ー

シャク

●尺八（しゃく　はち）

縮尺（しゅく　しゃく）

一尺（いっしゃく）

＝昔の日本の長さの単位で、三十センチくらい。

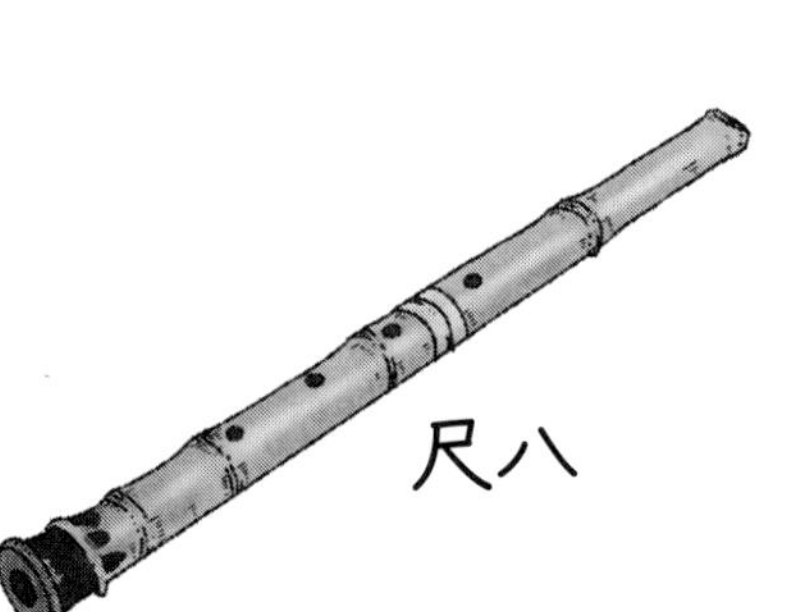

尺八

◆わか－い、

も－しくは

ジャク、ニャク

●年(とし)が若(わか)い。

若年(じゃく ねん)

老若男女(ろう にゃく なん にょ)

＝年齢(ねんれい)や性別(せいべつ)にかかわらず、あらゆる人。

A(エー)若(も)しくはB(ビー)

樹

①木 ②士 ③豆 ④一 ⑤寸

立(た)ち木(き)／うちたてる

◆ ―

ジュ

● 樹木（じゅもく）

新記録（しんきろく）を樹立（じゅりつ）する。

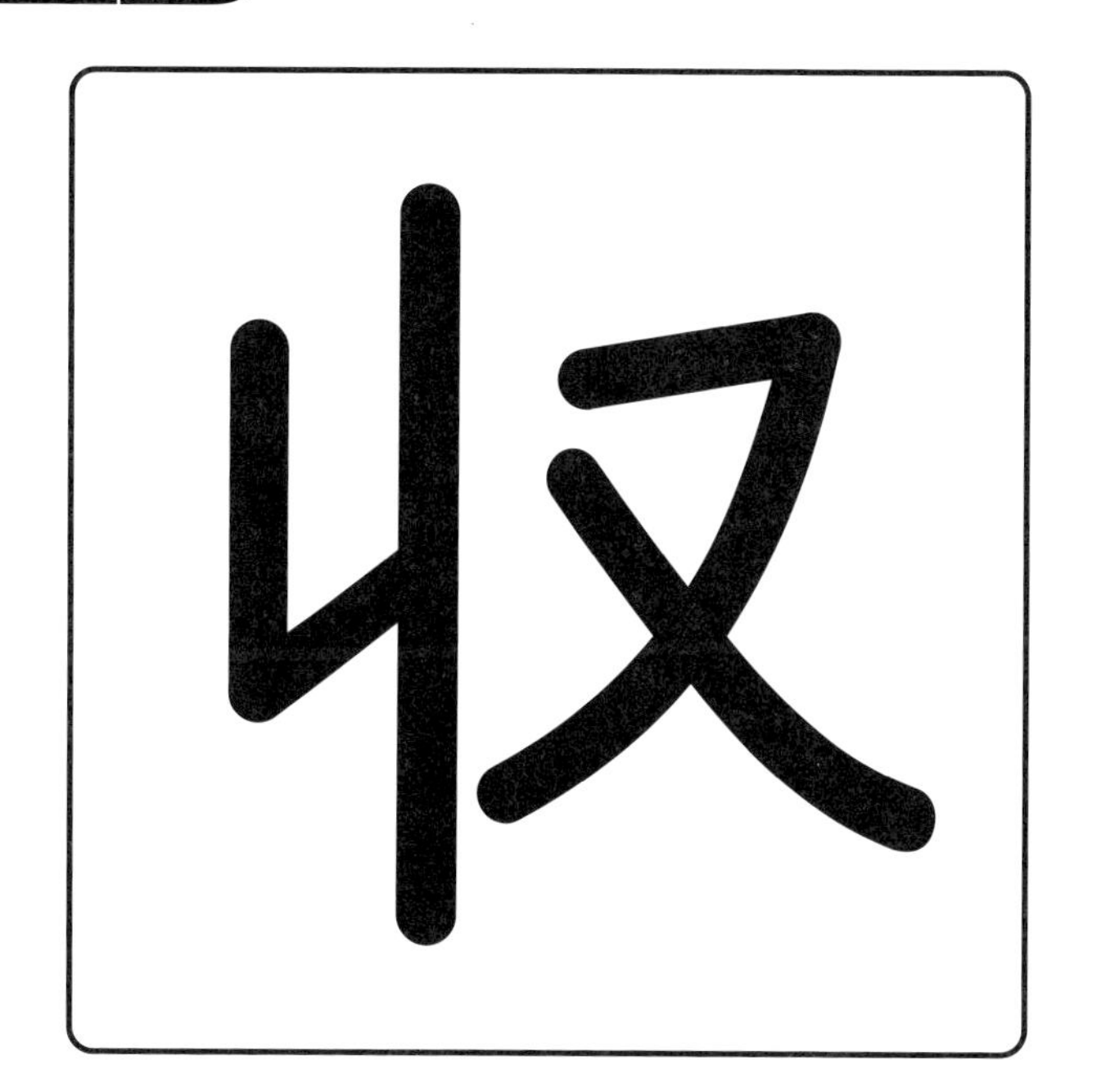

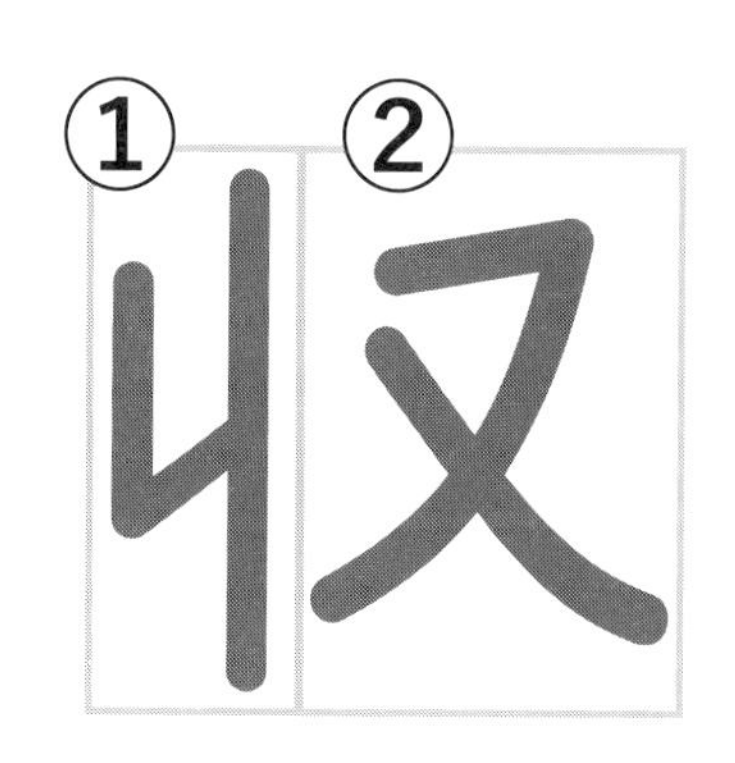

◆おさ－める、おさ－まる
シュウ

●勝利（しょうり）を収（おさ）める。
混乱（こんらん）が収（おさ）まる。
収入（しゅう にゅう）

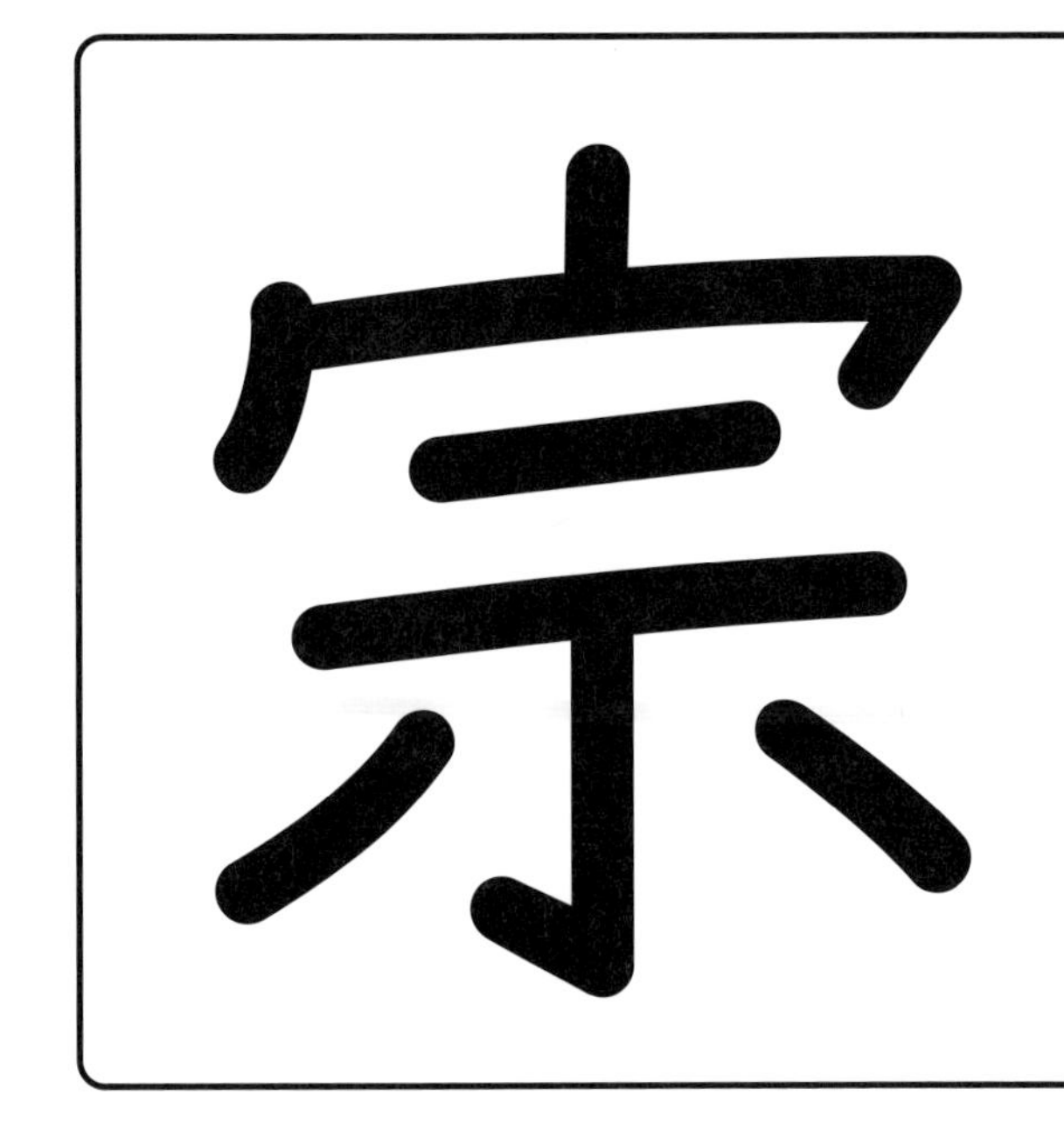

大元（おおもと）／神仏（しんぶつ）の教（おし）え

◆ —
シュウ、ソウ

● 宗教（しゅう　きょう）
宗家（そう　け）＝中心（ちゅうしん）になる家（いえ）

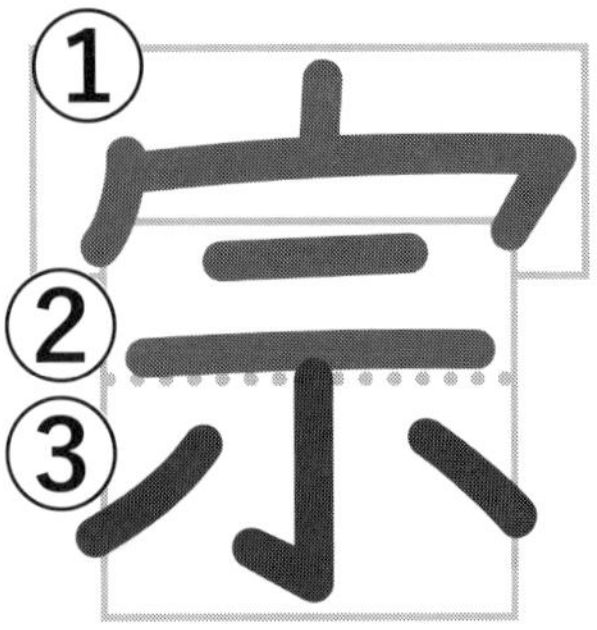

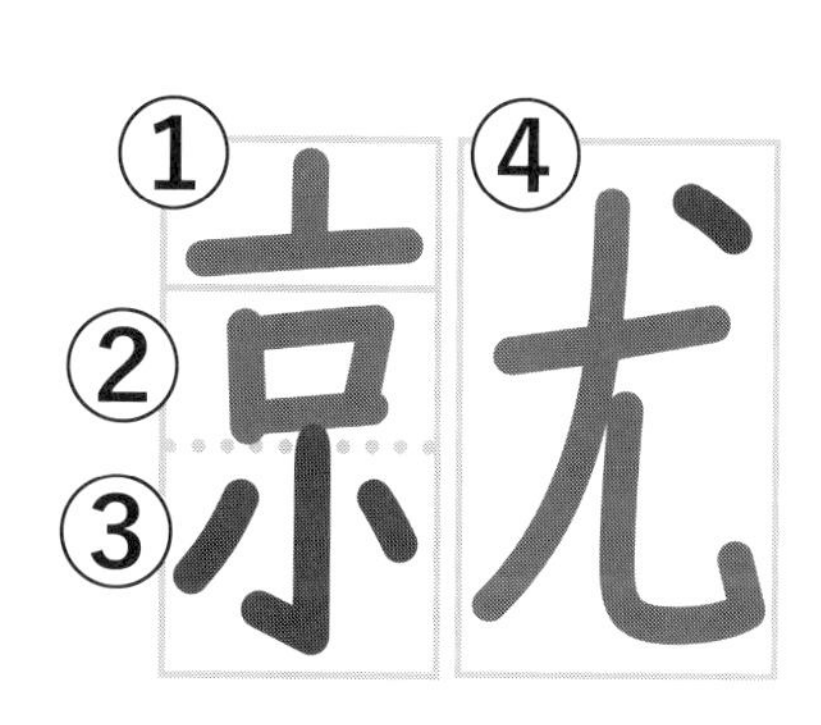

◆つ-く、つ-ける

シュウ、ジュ

●やりたい仕事(しごと)に就(つ)く。

旅行会社(りょこうがいしゃ)に就職(しゅうしょく)する。

願(ねが)いが成就(じょうじゅ)する。

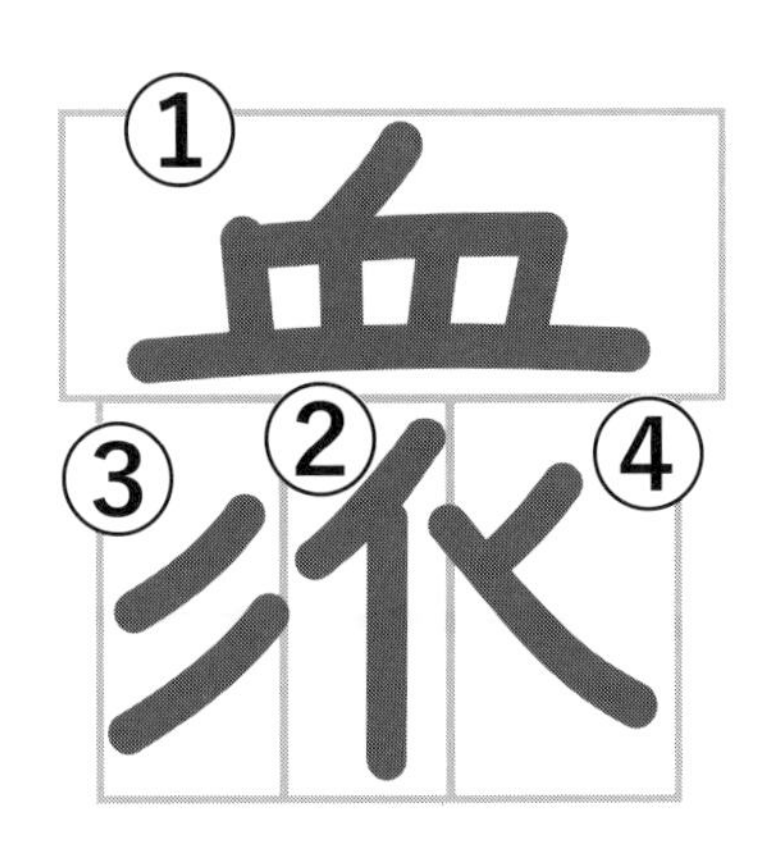

たくさんの人(ひと)

◆ ―

シュウ、シュ

● メキシコは合衆国（がっしゅうこく）だ。

民衆（みんしゅう）の意見(いけん)

若(わか)い衆（しゅ）

◆したが－う、したが－える
ジュウ、ショウ、ジュ

●指示(しじ)に従(したが)う。
家来(けらい)を従(したが)える。
従業員(じゅうぎょういん)

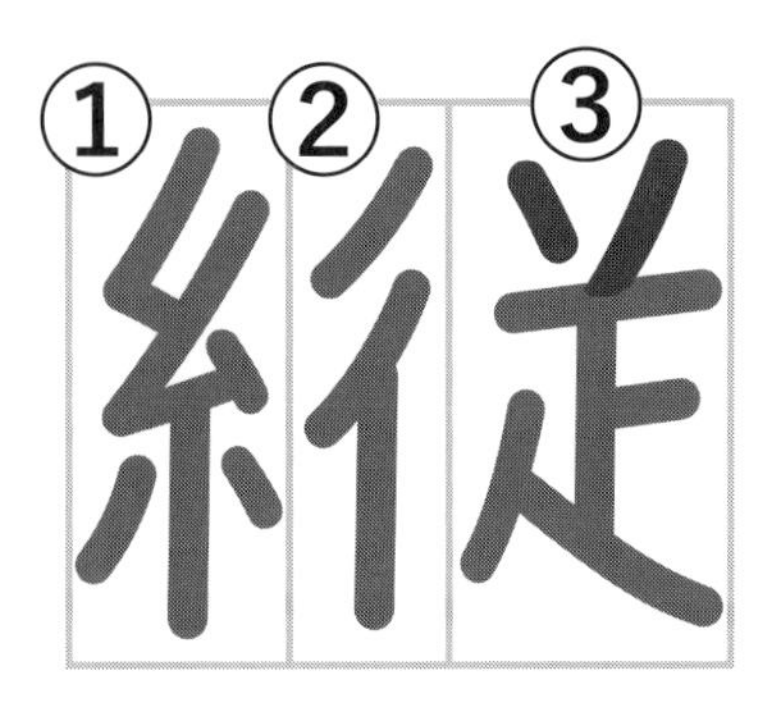

◆たて
ジュウ
●縦（たて）書き
縦横（じゅう　おう）
飛行機を操縦（そう　じゅう）する。

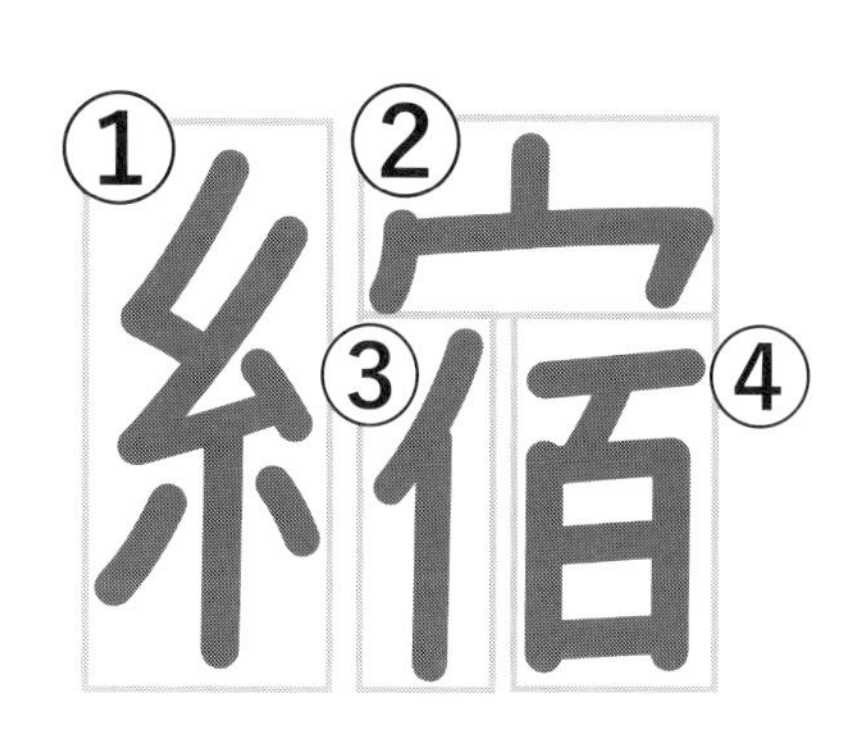

◆ちぢ－む、
ちぢ－まる、ちぢ－める、
ちぢ－れる、ちぢ－らす

シュク

●バネが縮（ちぢ）む。
身（み）が縮（ちぢ）まる。
差（さ）を縮（ちぢ）める。
毛糸（けいと）が縮（ちぢ）れる。
日程（にってい）を短縮（たんしゅく）する。

ちぢむ
のびる

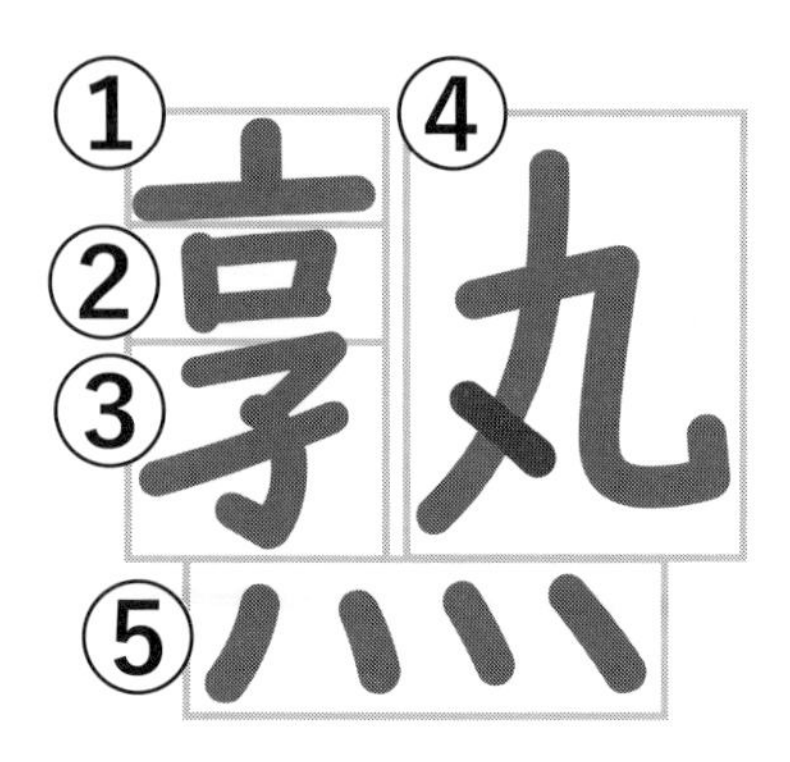

◆うーれる
ジュク
●果実(かじつ)が熟(う)れる。
熟語(じゅくご)

純

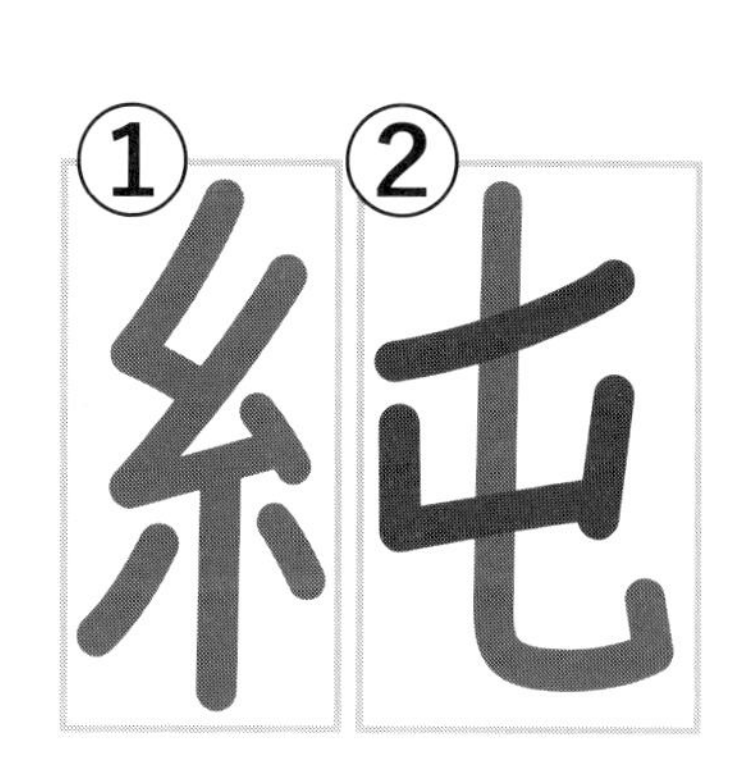

◆ —

ジュン

● 単純（たんじゅん）な問題（もんだい）

純白（じゅんぱく）のドレス

まじりけがない

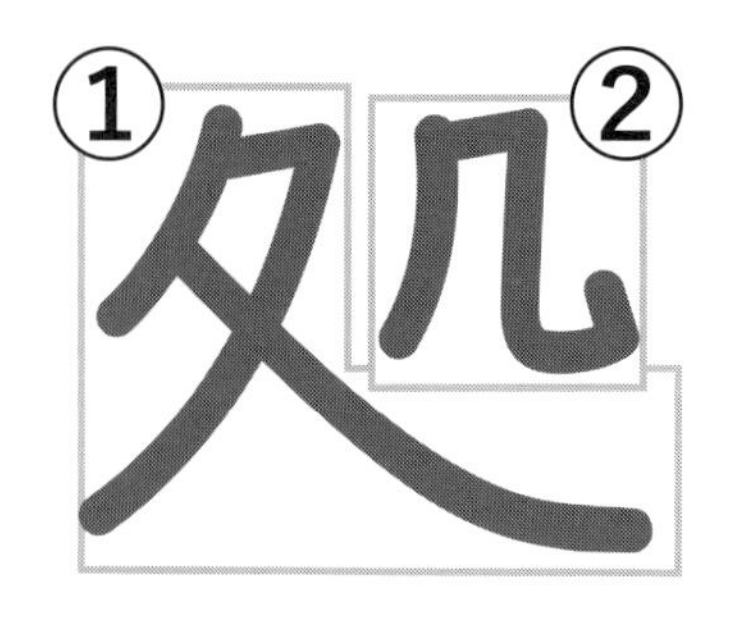

ところ／物事(ものごと)を上手(じょうず)に片付(かたづ)ける

◆ ―

● ショ

処理（しょり）が早(はや)い。

処方（しょほう）せん

難(むずか)しい状況(じょうきょう)に対処（たいしょ）する。

ゴミを処分（しょぶん）する。

◆ ―

● シヨ

消防署（しょうぼうしょ）

署名（しょめい）を集（あつ）める。

わりふり／書（か）き記（しる）す

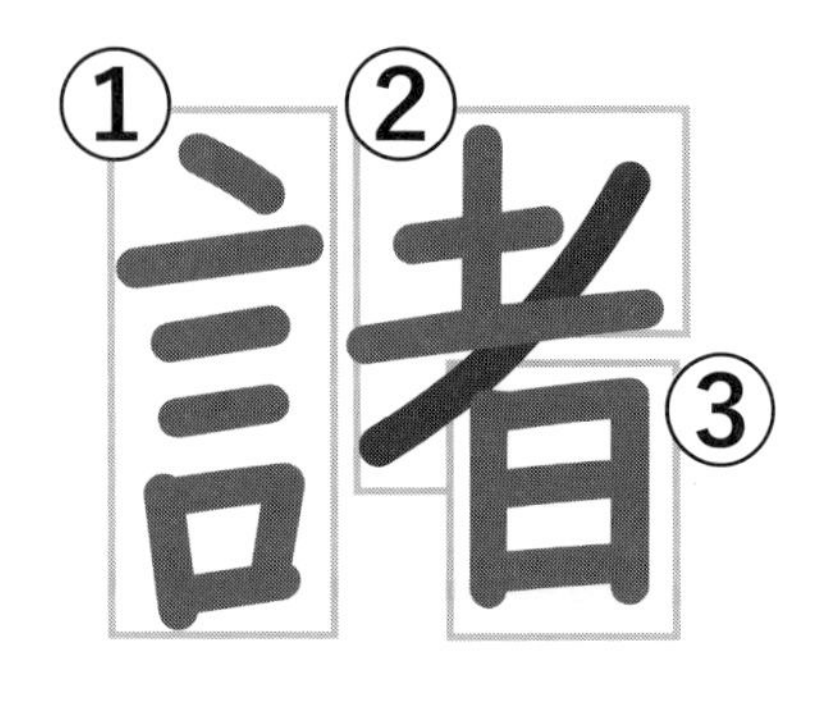

多(おお)くの／いろいろ

◆ ――

● ショ

アジア諸国（しょこく）をめぐる。

諸事情（しょじじょう）で中止(ちゅうし)になる。

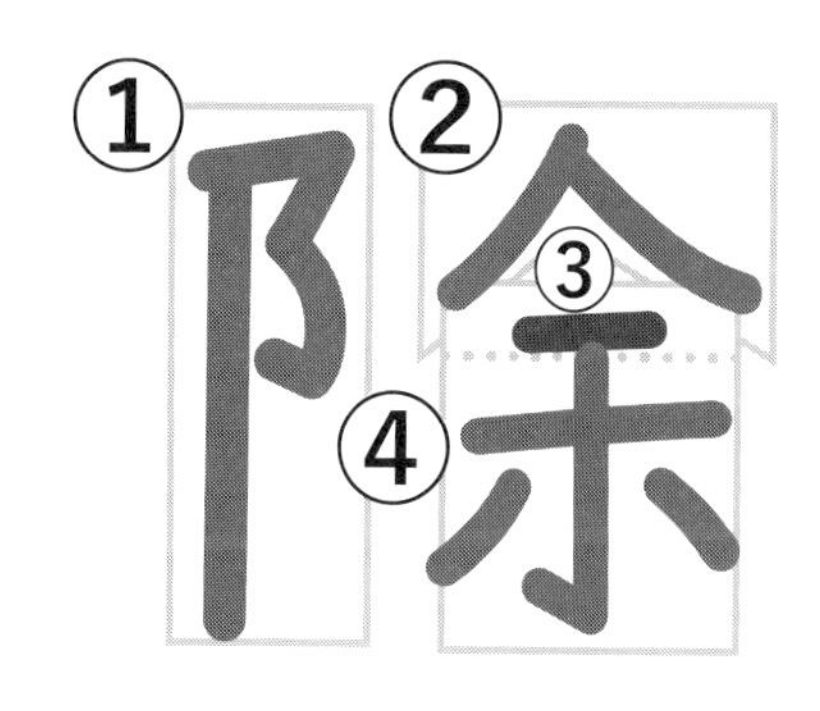

◆のぞ－く

ジョ、ジ

●年末年始（ねんまつねんし）を除（のぞ）く。

障害物（しょうがいぶつ）を除去（じょきょ）する。

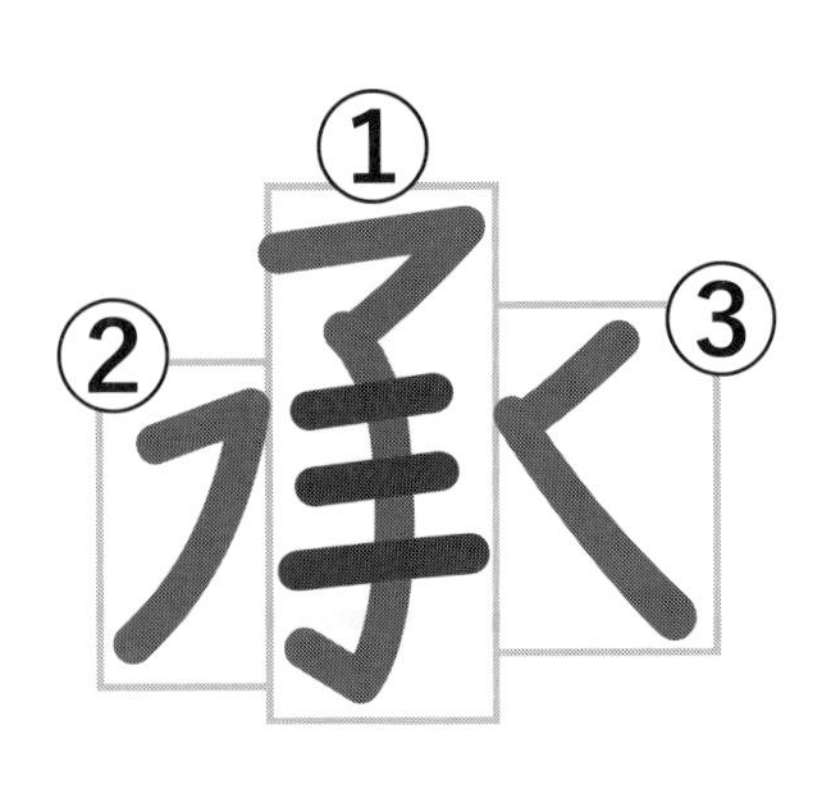

◆うけたまわ－る

ショウ

●注文(ちゅうもん)を承(うけたまわ)る。

承知(しょうち)しました。

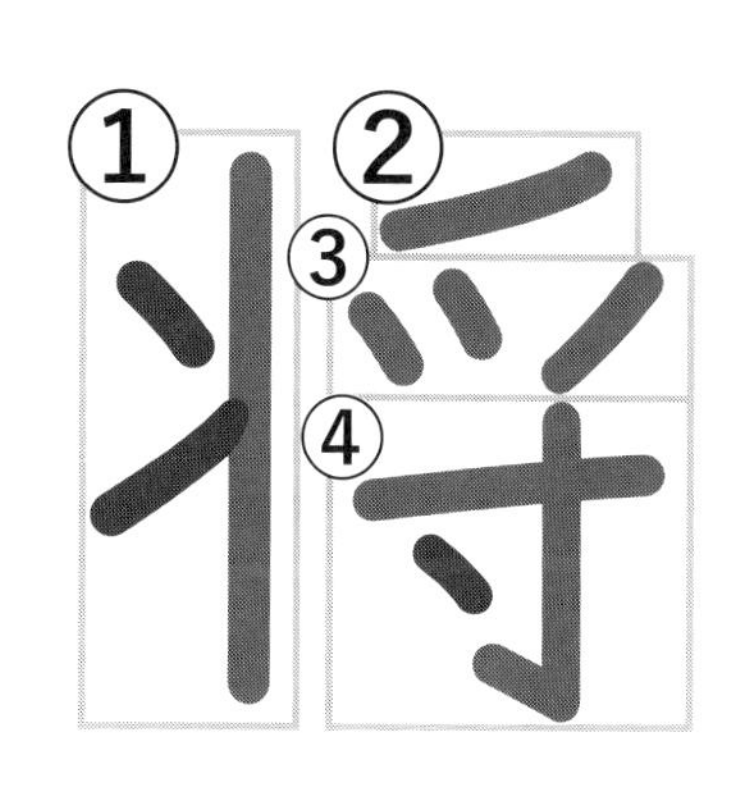

◆ ―― ショウ

● 大将（たいしょう）
将来（しょうらい）の仕事（しごと）について考（かんが）える。

ひきいる（人（ひと））

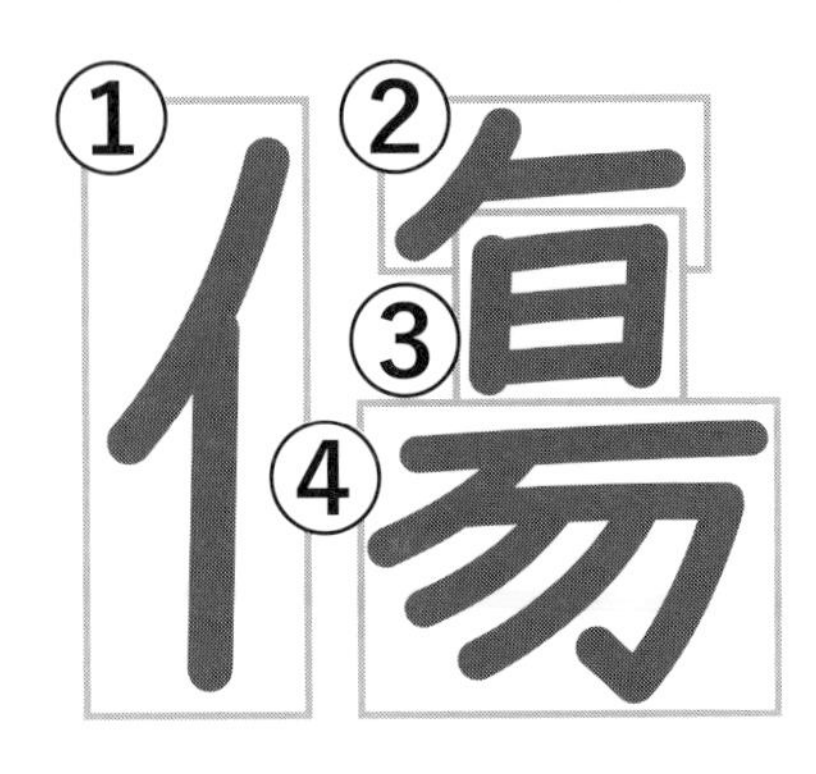

◆きず

いた－む、いた－める

ショウ

●かみの毛（け）が傷（いた）む。

足（あし）を傷（いた）める。

軽傷（けいしょう）

傷口（きずぐち）

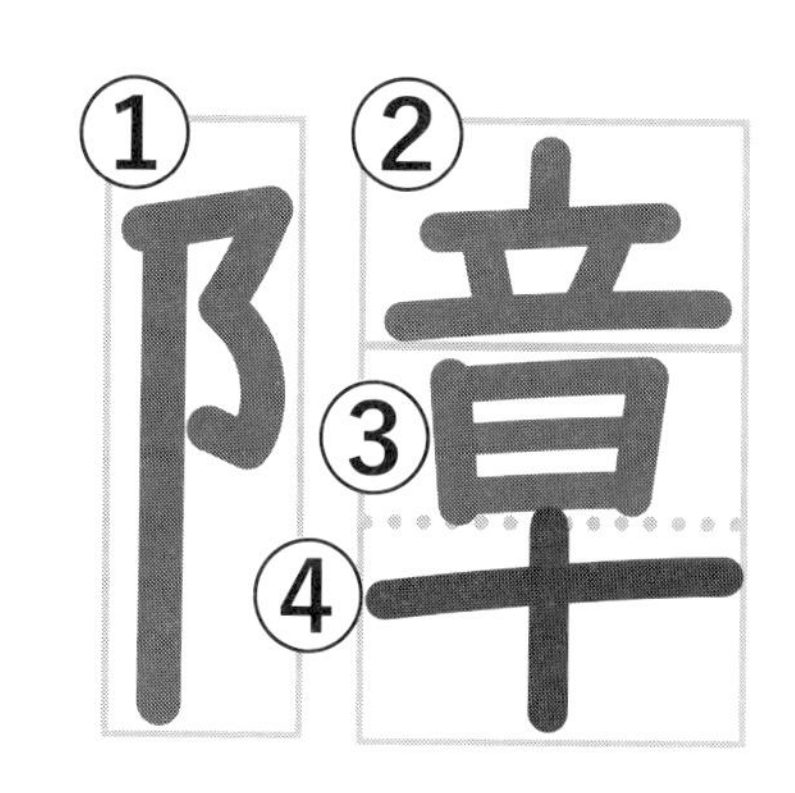

◆さわ－る
ショウ
●気(き)に障(さわ)る。
歩道(ほどう)にある障害(しょうがい)物(ぶつ)をなくす。

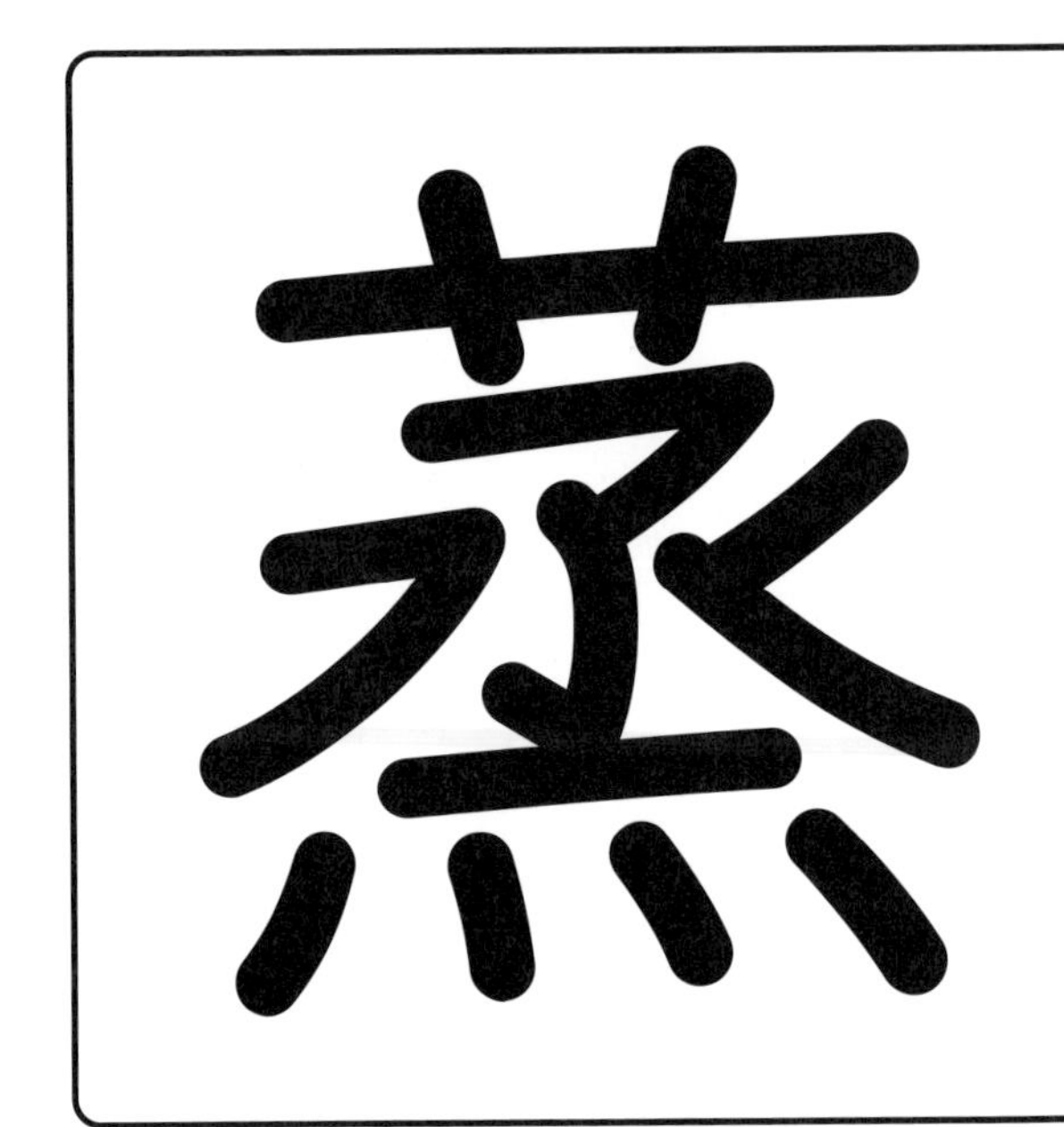

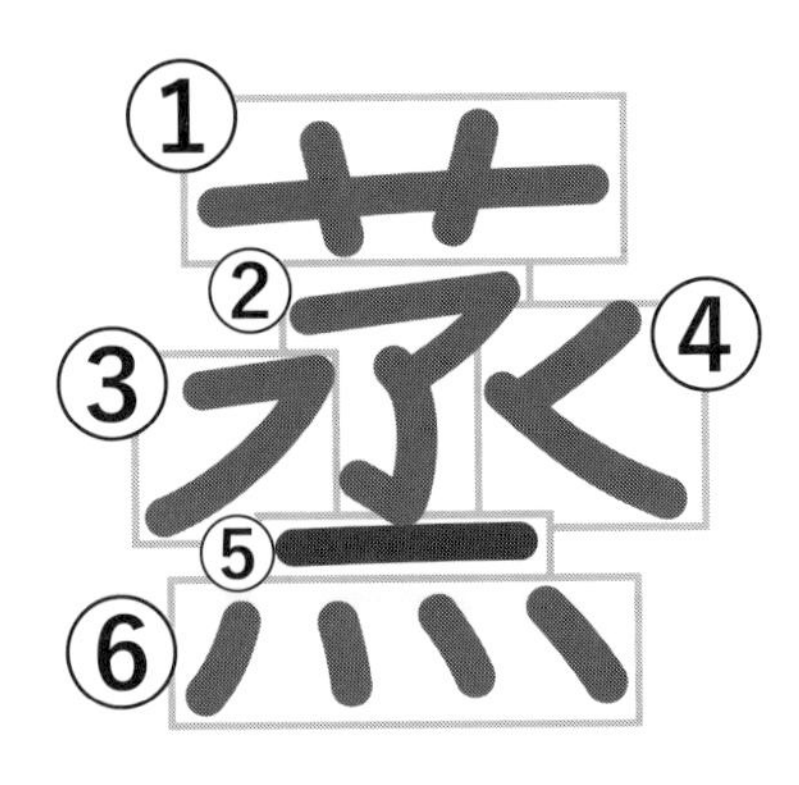

◆**む**－す、**む**－れる、**む**－らす
ジョウ

●いもを蒸（む）す。
汗（あせ）をかいて蒸（む）れる。
お茶（ちゃ）の葉（は）を蒸（む）らす。
水（みず）が蒸発（じょうはつ）する。

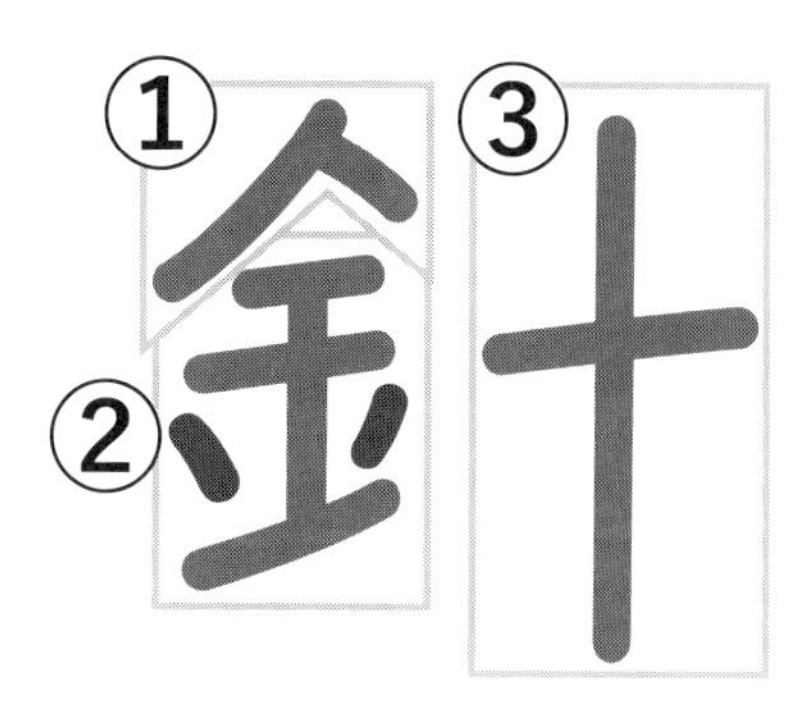

◆はり

シン

●時計(とけい)の針（はり）

方針（ほうしん）

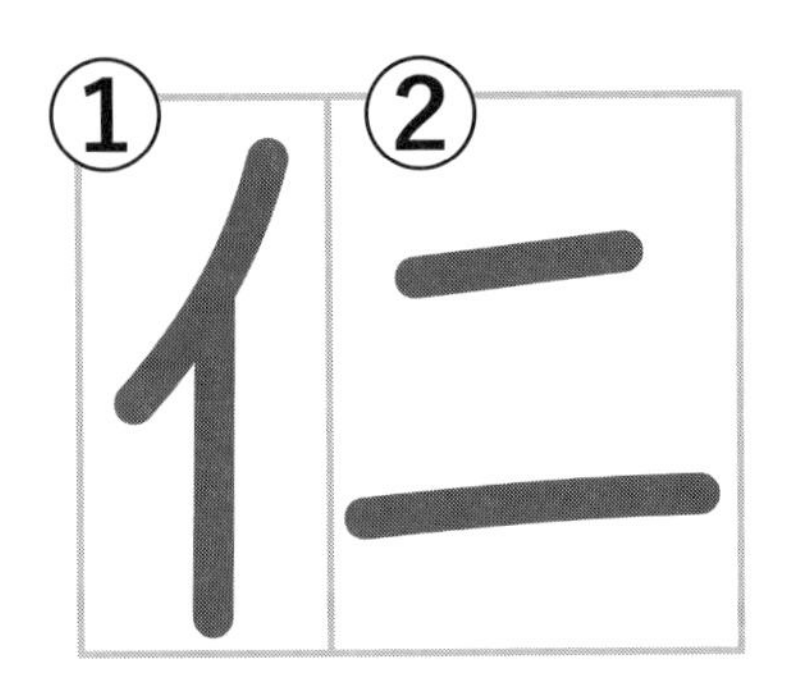

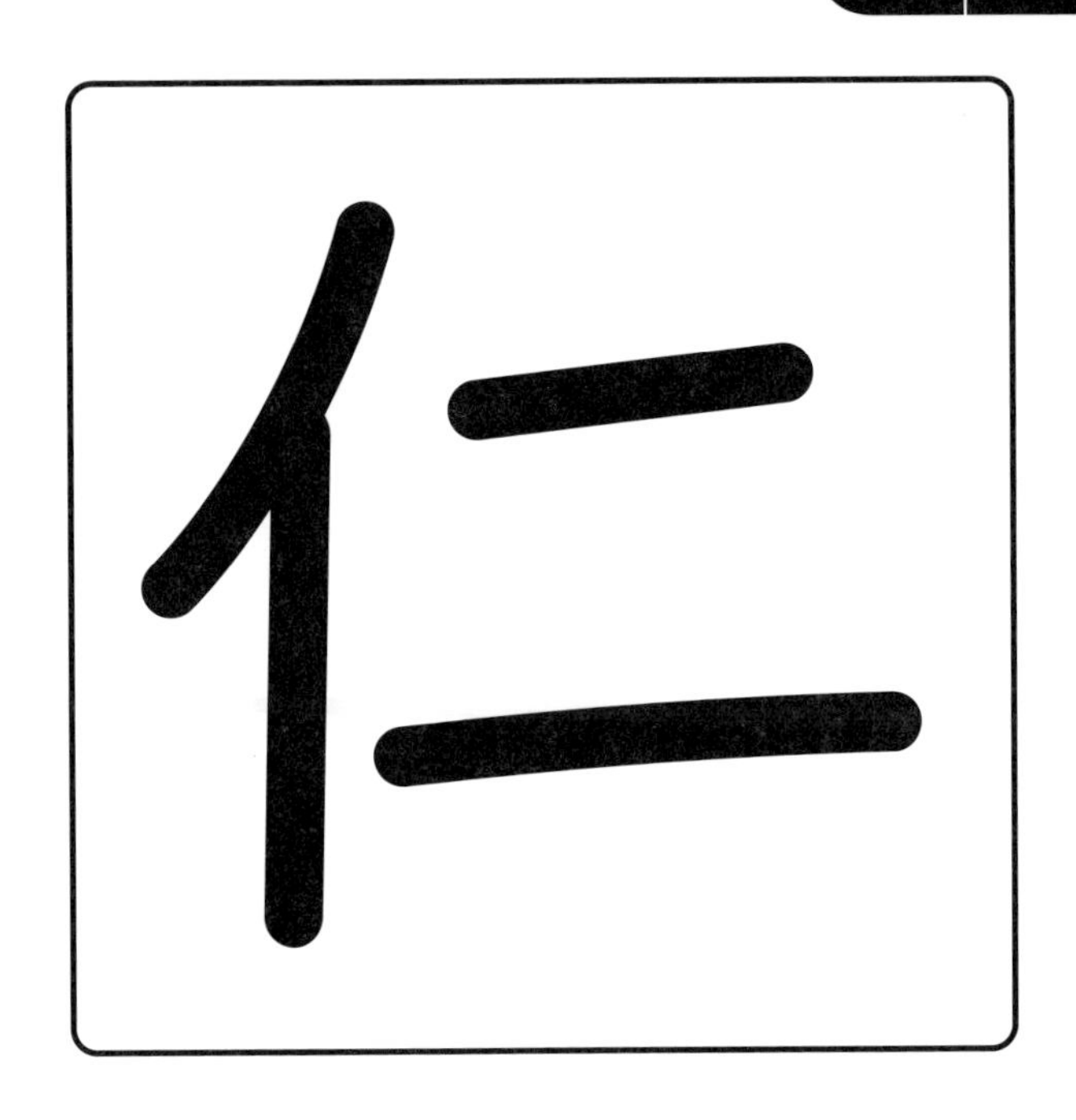

いつくしむ／思(おも)いやる

◆ー
ジン、ニ

●仁義（じんぎ）を守(まも)る。
＝人(ひと)が守(まも)るべき正(ただ)しい道(みち)を守(まも)ること。

仁王（におう）立(だ)ち

◆たーれる、たーらす

スイ

●つり糸(いと)を垂(た)れる。

犬(いぬ)がよだれを垂(た)らす。

垂直(すいちょく)

①
②

◆おーす

スイ

●学級委員（がっきゅういいん）に推（お）す。

答（こた）えを推測（すいそく）する。

◆一

●スン

寸法（すんぽう）

一寸（いっすん）

＝昔（むかし）の日本（にほん）の長（なが）さの単位（たんい）で、約（やく）三センチ。

昔（むかし）の長（なが）さの単位（たんい）

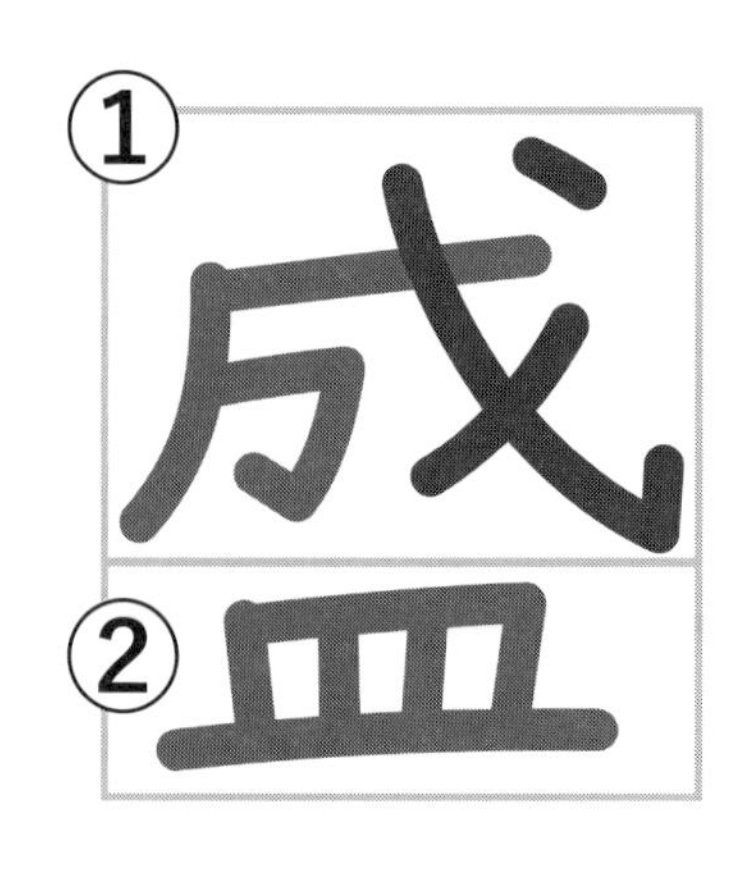

◆もーる
さかーる、さかーん
セイ、ジョウ

●土(つち)を盛(も)る。
みかん作(づく)りが盛(さか)んな町(まち)
盛大(せいだい)なパーティー
店(みせ)がはん盛(じょう)する。

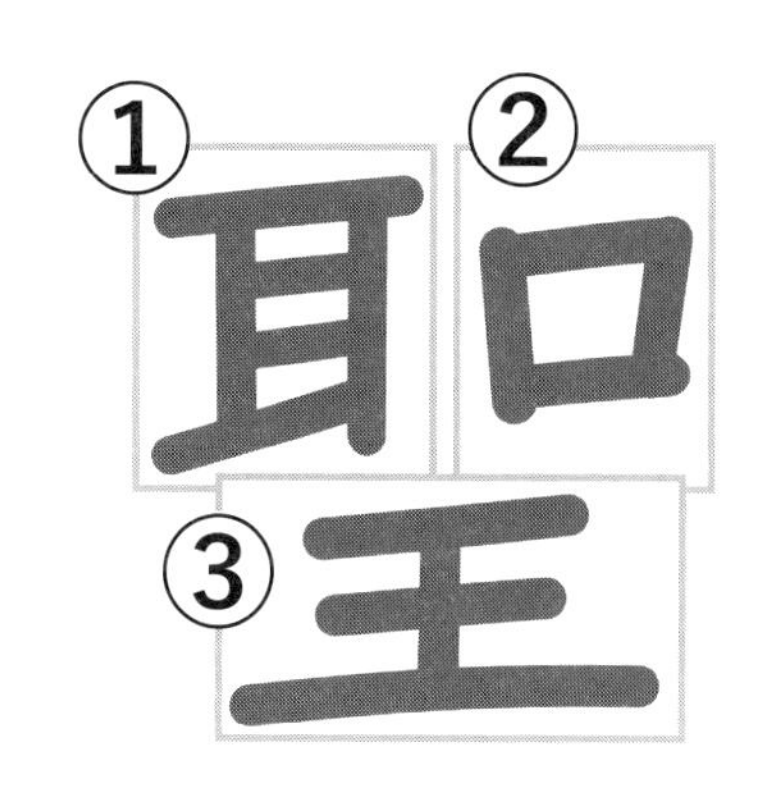

◆ ―

セイ

● オリンピックの聖火（せいか）

神聖（しんせい）な場所（ばしょ）

知識（ちしき）と道徳（どうとく）にすぐれた人（ひと）

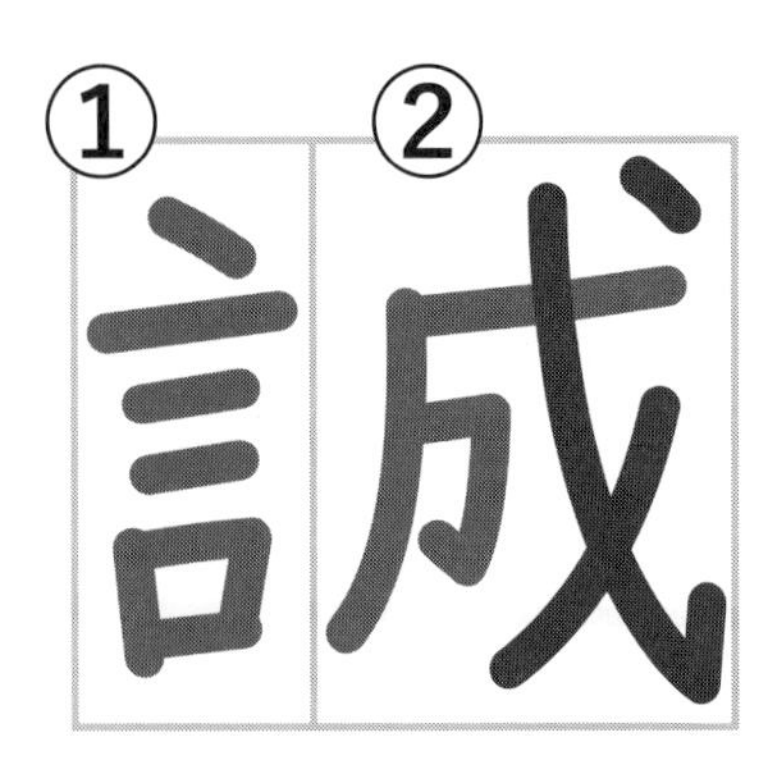

◆まこと
セイ

●誠（まこと）に申(もう)し訳(わけ)ない。
誠意（せいい）を示(しめ)す。

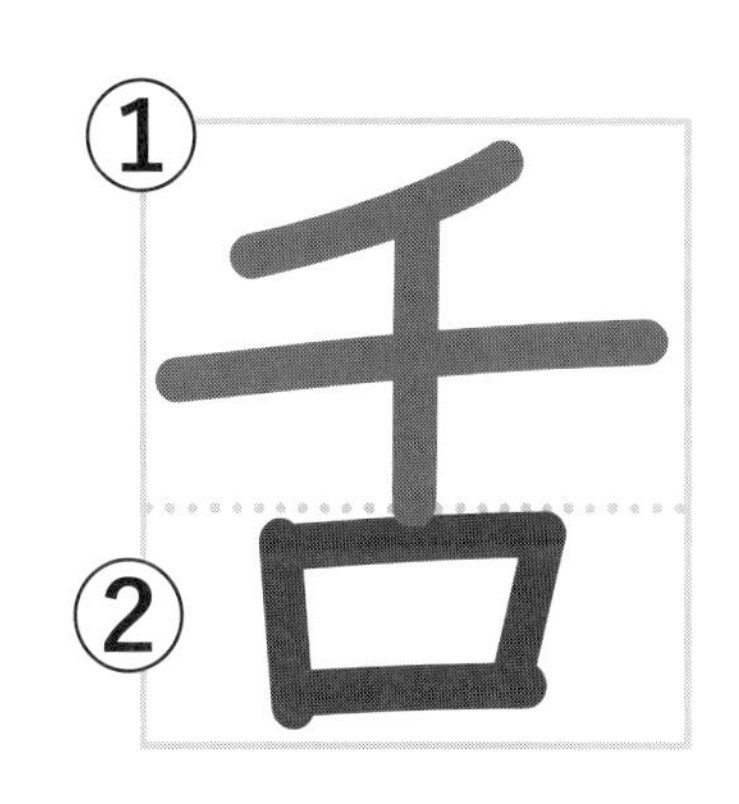

◆した
ゼツ

●舌（した）つづみを打（う）つ。
＝おいしいものを食（た）べて満足（まんぞく）すること。

毒舌（どくぜつ）
＝ひどい悪口（わるぐち）や皮肉（ひにく）を言（い）うこと。

広く知らせる／はっきり述べる

◆ ―

センー

●独立を宣言（せんげん）する。
お店の宣伝（せんでん）をする。

◆もっぱ－ら

センン

●休日(きゅうじつ)は専(もっぱ)ら読書(どくしょ)している。

専門(せんもん)家(か)

専科(せんか)

専任(せんにん)の先生(せんせい)

◆いずみ
セン
●泉（いずみ）がわく。
温泉（おんせん）

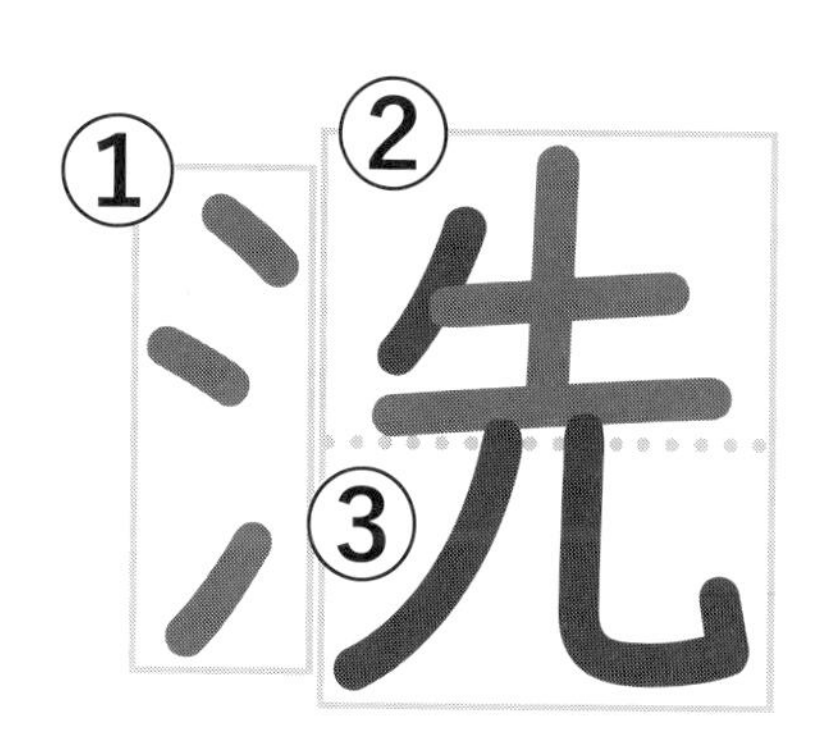

◆あら－う

セン

●筆(ふで)を洗(あら)う。

洗顔(せんがん)

洗(せん)たくをする。

洗面台(せんめんだい)

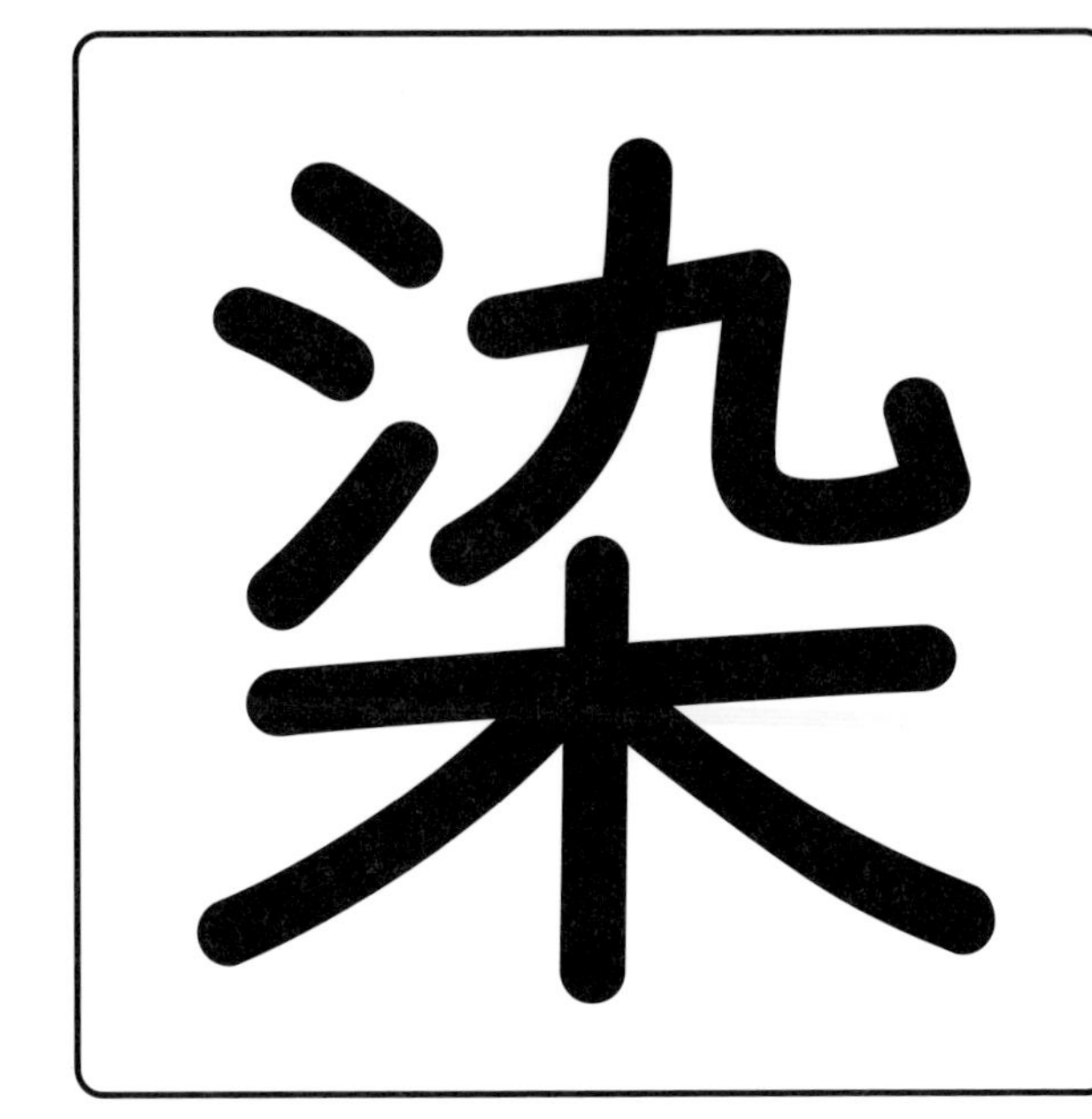

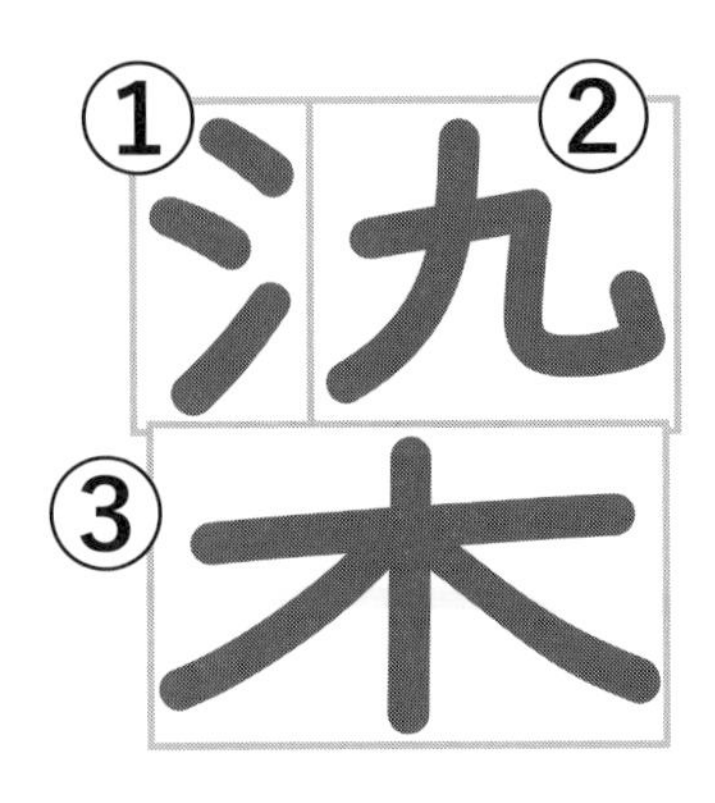

◆そ－める、そ－まる
し－みる、し－み
セン

●糸(いと)を染（そ）める。
布(ぬの)が染（そ）まる。
大根(だいこん)に味(あじ)が染（し）みる。
インクの染（し）み
染料（せんりょう）

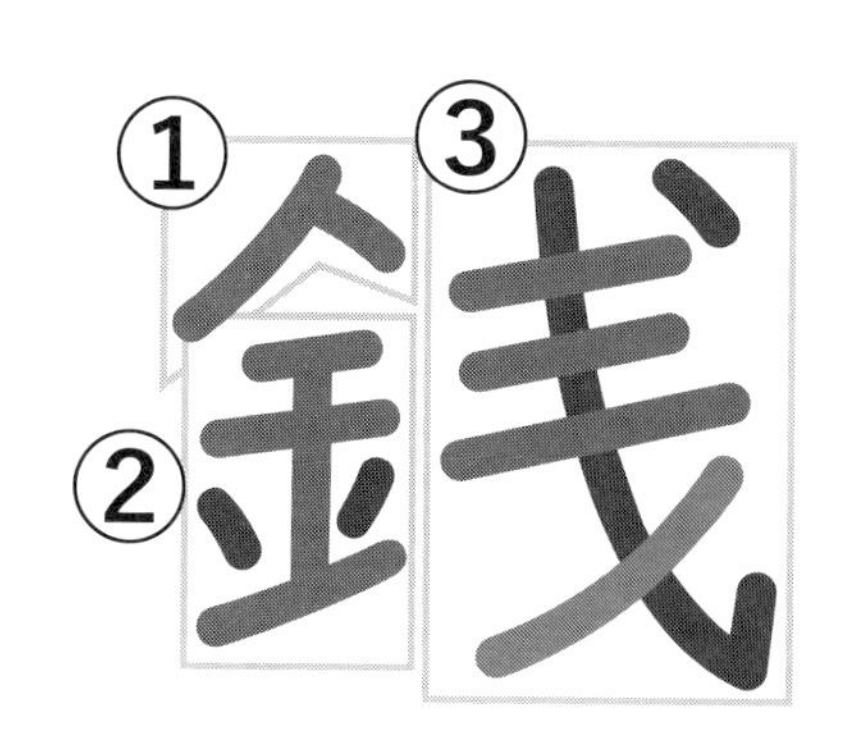

◆ぜに

セン

●小銭（こ ぜに）

金銭（きん せん）

つり銭（せん）

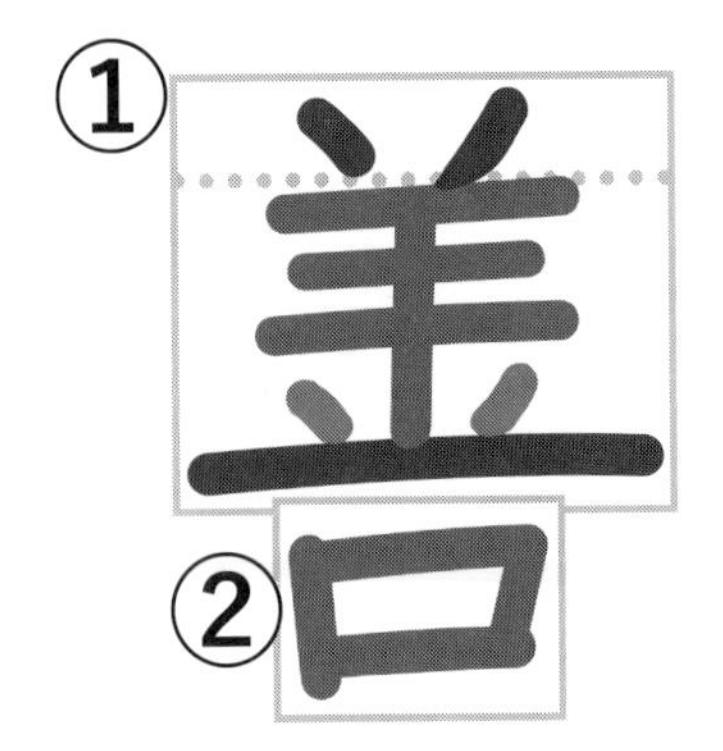

◆よ－い

ゼン

●善（よ）い行（おこな）い

善意（ぜんい）

善悪（ぜんあく）

◆かなーでる

ソウ

●楽器（がっき）を奏（かな）でる。

合奏（がっそう）

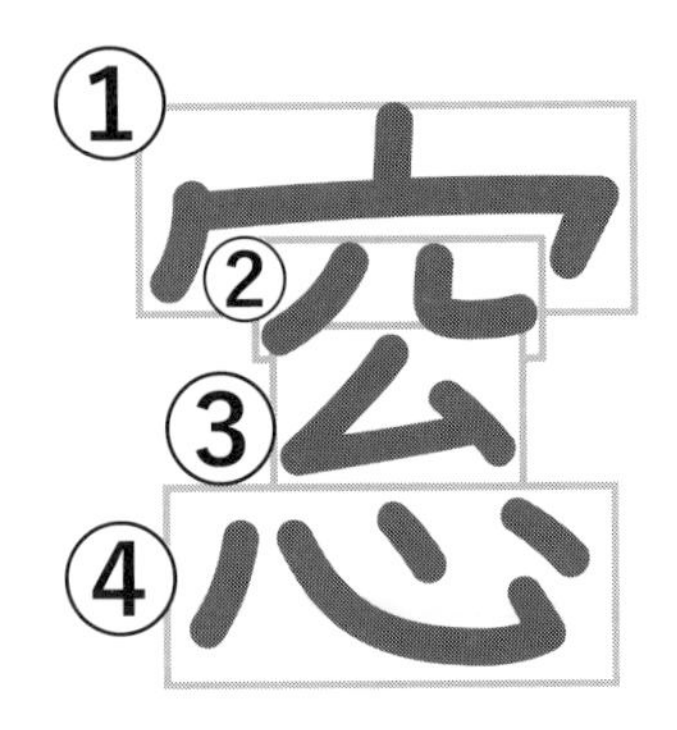

◆まど
ソウ

●窓（まど）を開（あ）ける。
問（と）い合（あ）わせ窓口（まど　ぐち）
車窓（しゃ　そう）
南向（みなみむ）きの窓（まど）

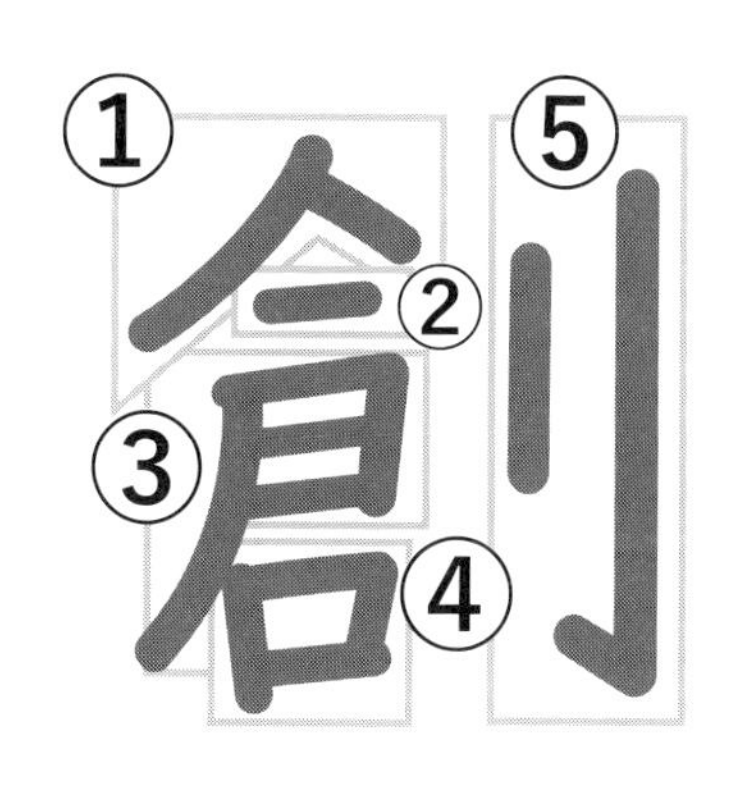

◆つく－る
ソウ

●芸術作品を創(つく)る。
絵画を創作(そうさく)する。
創造(そうぞう)的な仕事

◆よそお－う
ソウ、ショウ
●きれいなドレスで装（よそお）う。
装飾（そうしょく）
装置（そうち）
衣装（いしょう）

◆ —

● ソウ

階層（かいそう）

地層（ちそう）のでき方（かた）を学（まな）ぶ。

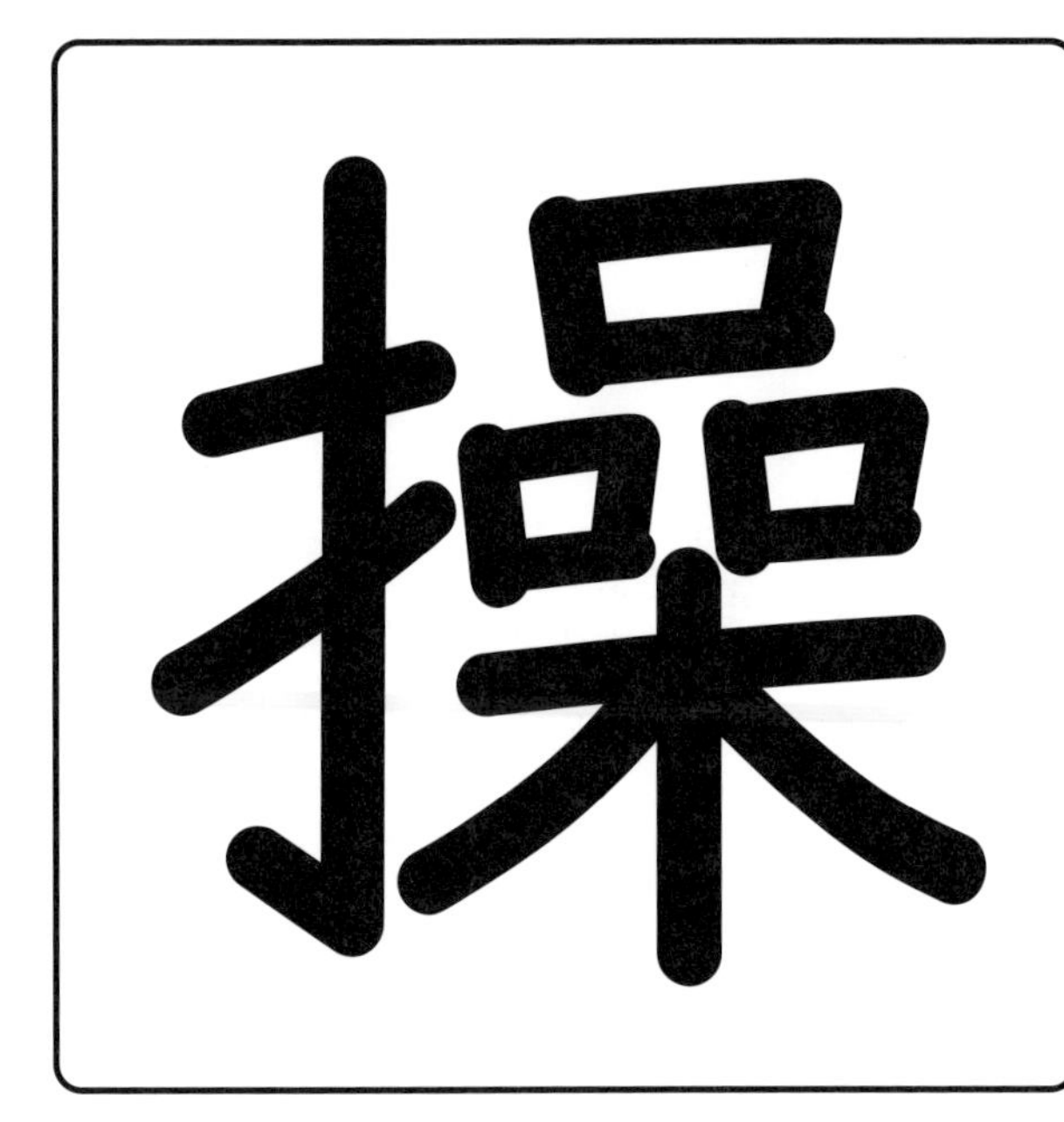

◆あやつ－る
みさお
ソウ

●人形（にんぎょう）を操（あやつ）る。
タブレットを操作（そうさ）する。
ラジオ体操（たいそう）をする。

◆くら
ゾウ

●蔵（くら）のある町（まち）
冷蔵庫（れいぞうこ）

臓

体（からだ）の中（なか）のいろいろな器官（きかん）

◆ —

ゾウ

● 臓器（ぞうき）

心臓（しんぞう）

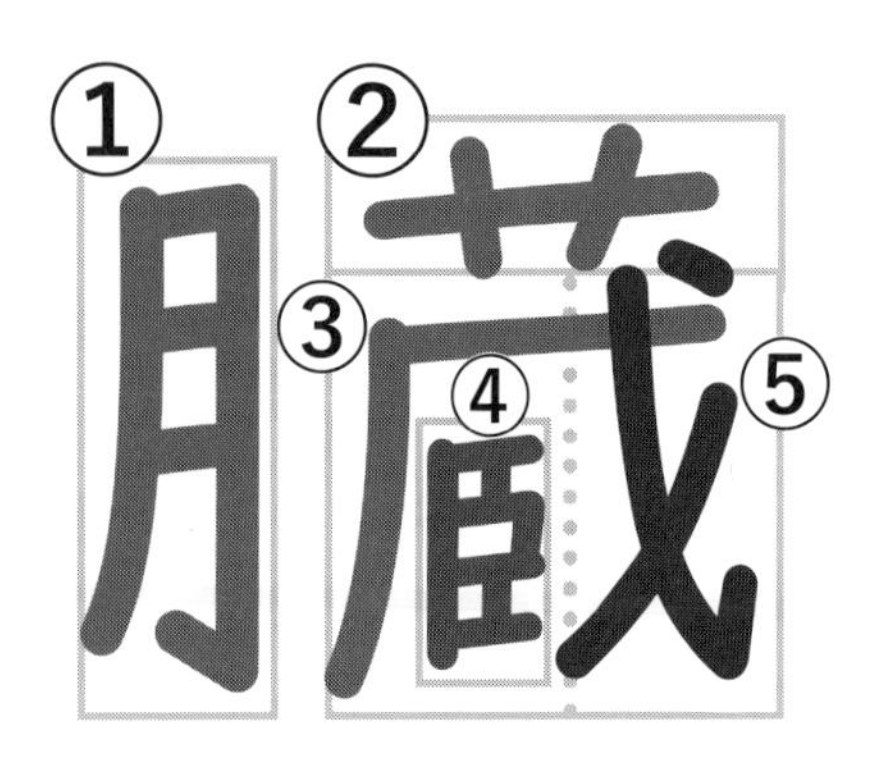

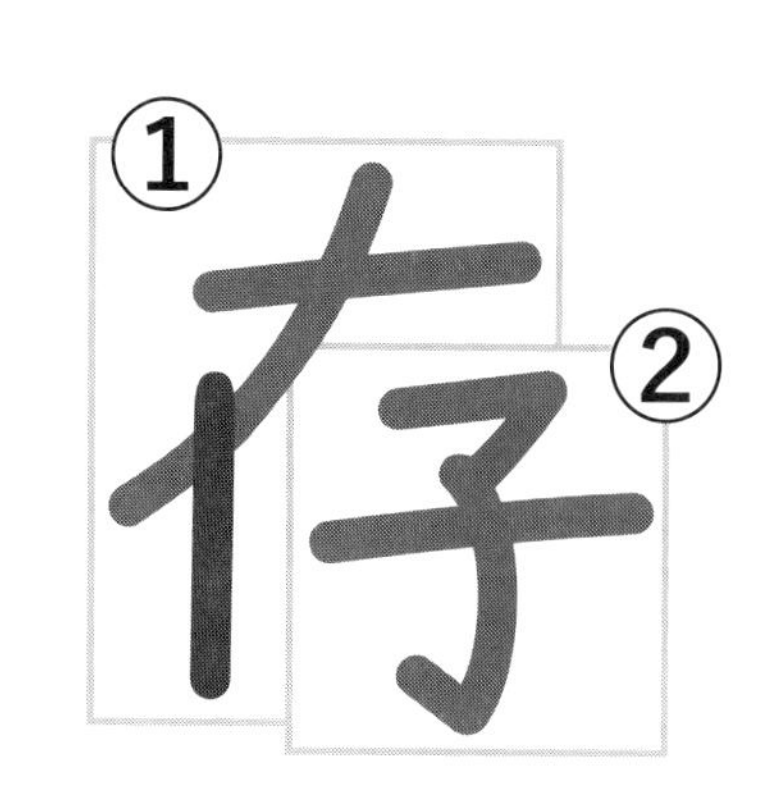

◆—

ソン、ゾン

●学校（がっこう）の中（なか）で目立（めだ）つ存在（そんざい）

倉庫（そうこ）に保存（ほぞん）する。

生存（せいぞん）

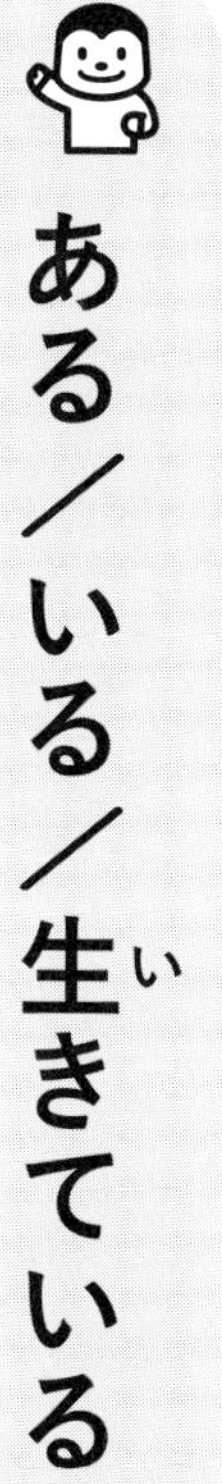

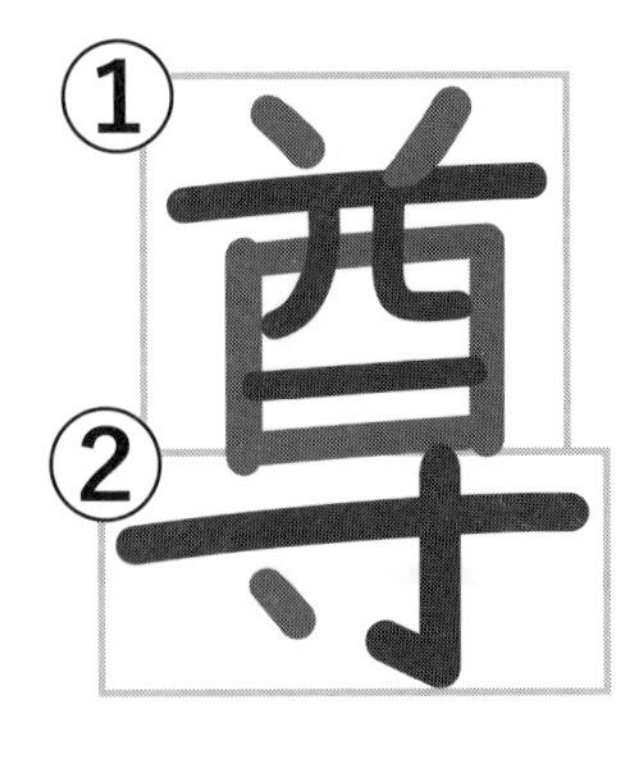

◆とうとーい、たっとーい、
とうとーぶ、たっとーぶ
ソン

●尊（とうと）い命（いのち）
自由（じゆう）を尊（たっと）（とうと）ぶ。
尊敬（そんけい）する人（ひと）

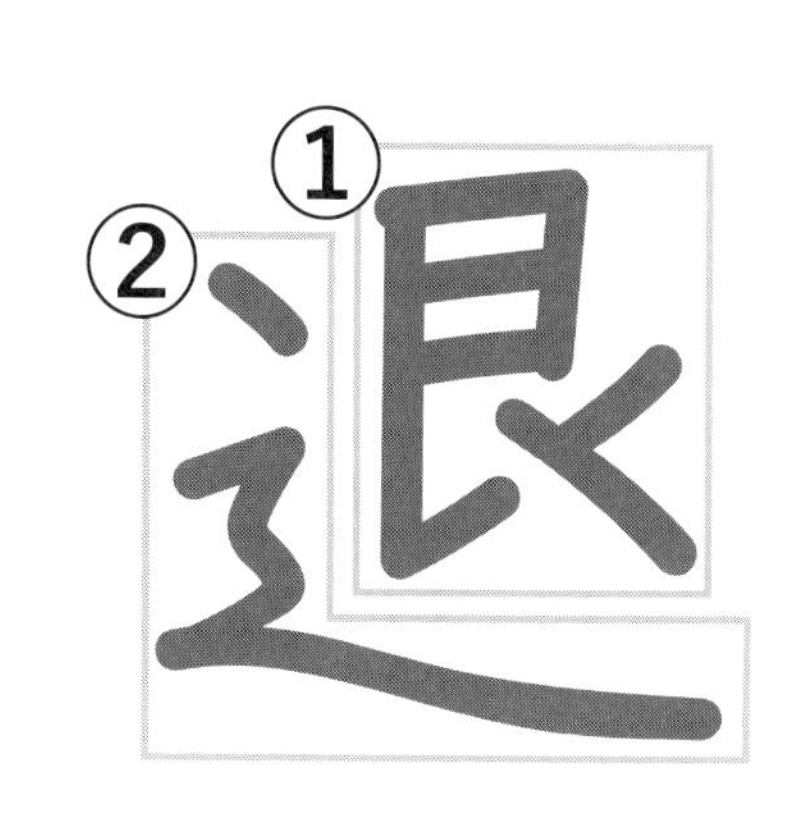

◆しりぞ－く、しりぞ－ける
タイ

●一歩(いっぽ)退(しりぞ)く。
敵(てき)を退(しりぞ)ける。
後退(こうたい)

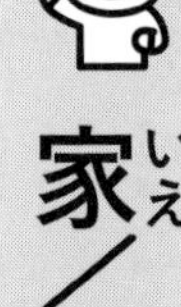

家（いえ）／住（す）まい

◆ タク

● 住宅（じゅうたく）

早（はや）めに帰宅（きたく）する。

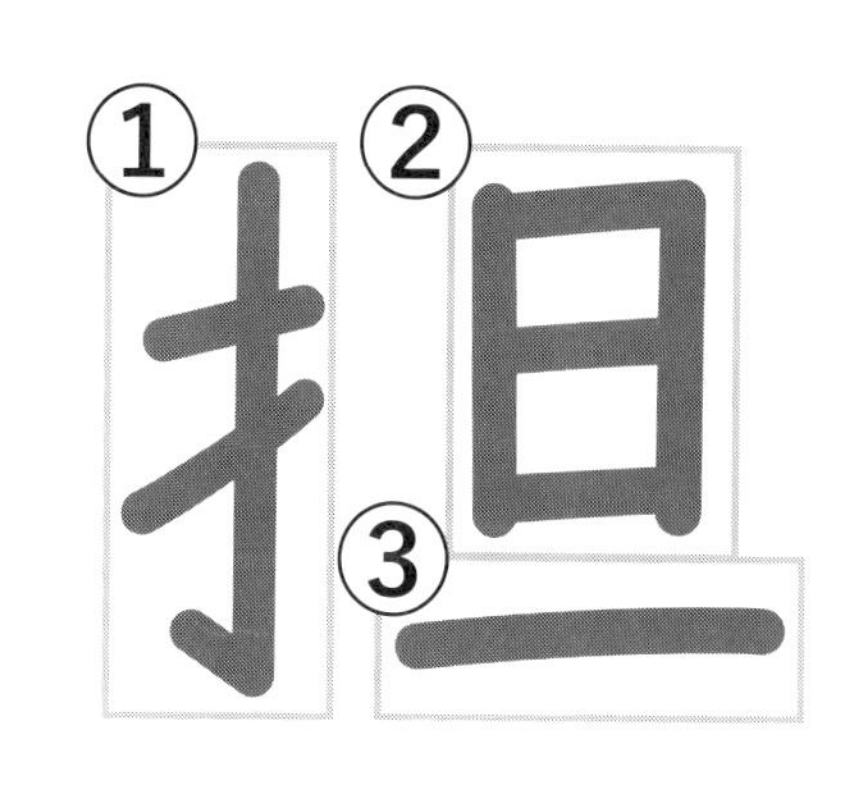

◆になーう
かつーぐ
タン

●未来(みらい)を担（にな）う子(こ)どもたち
みこしを担（かつ）ぐ。
バンドではギターを担当（たんとう）
する。
担任（たんにん）の先生(せんせい)

① ② ③ ④ 探

◆さぐ-る、さが-す

タン

●自分（じぶん）のルーツを探（さぐ）る。

ピザのお店（みせ）を探（さが）す。

町（まち）を探検（たんけん）する。

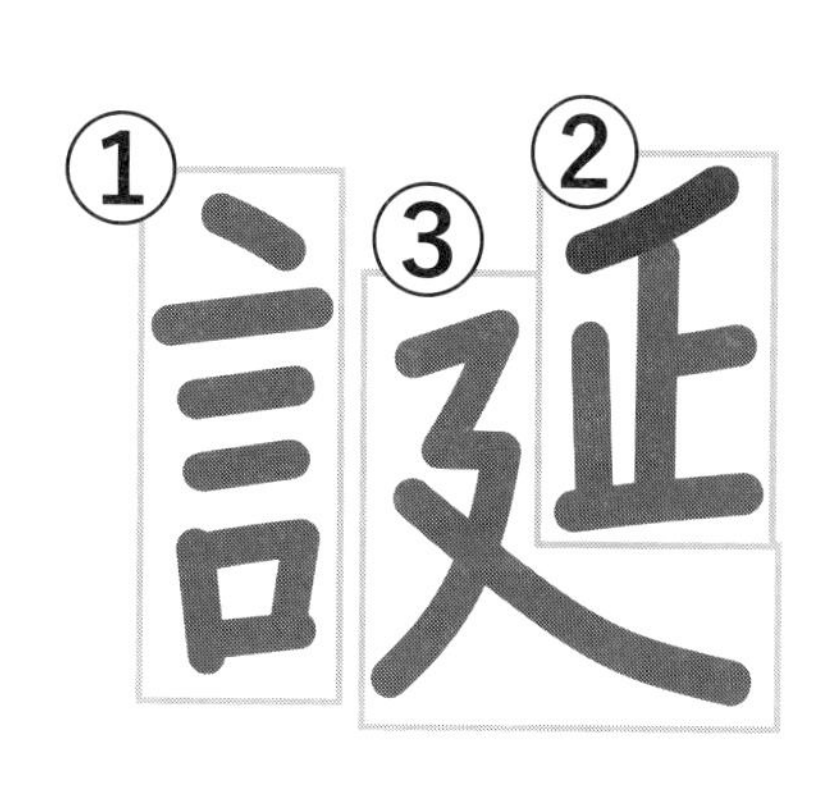

◆ ―

タン

● 生誕（せいたん）

明日（あす）は母（はは）の誕生日（たんじょうび）だ。

子（こ）をうむ／うまれる

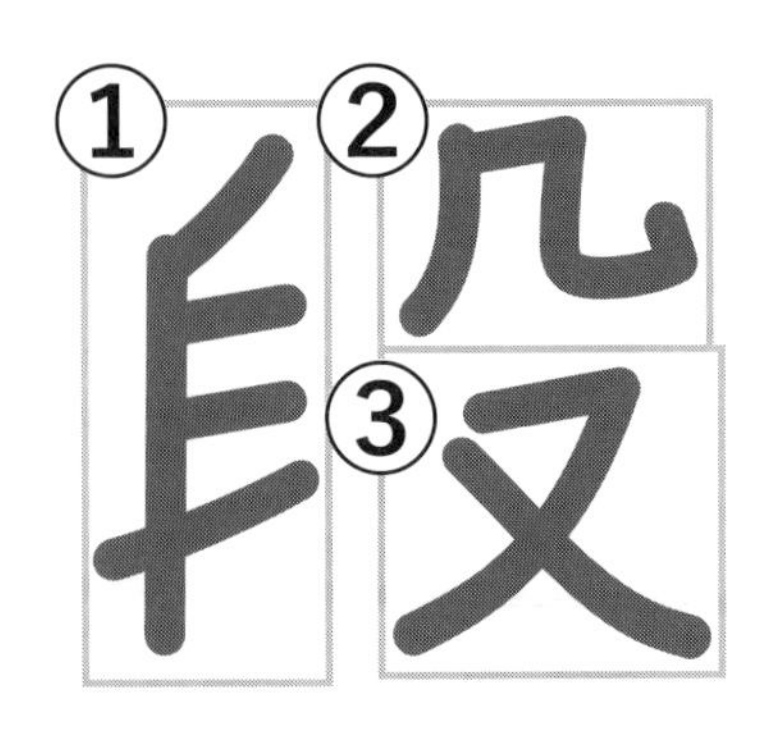

だんだん／ひとくぎり

◆ ―

● ダン

段落（だんらく）

階段（かいだん）

手段（しゅだん）

値段（ねだん）を比（くら）べる。

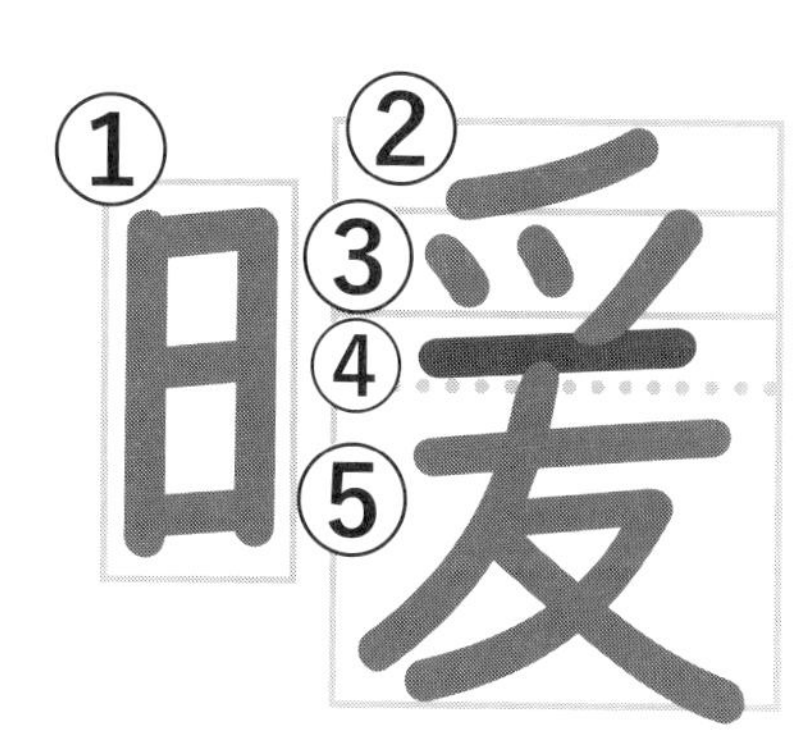

◆あたた－か、あたた－かい
あたた－まる、あたた－める
ダン

●暖（あたた）かい地方（ちほう）
暖（あたた）かな日（ひ）
体（からだ）が暖（あたた）まる。
部屋（へや）を暖（あたた）める。
寒暖（かんだん）の差（さ）が大（おお）きい。

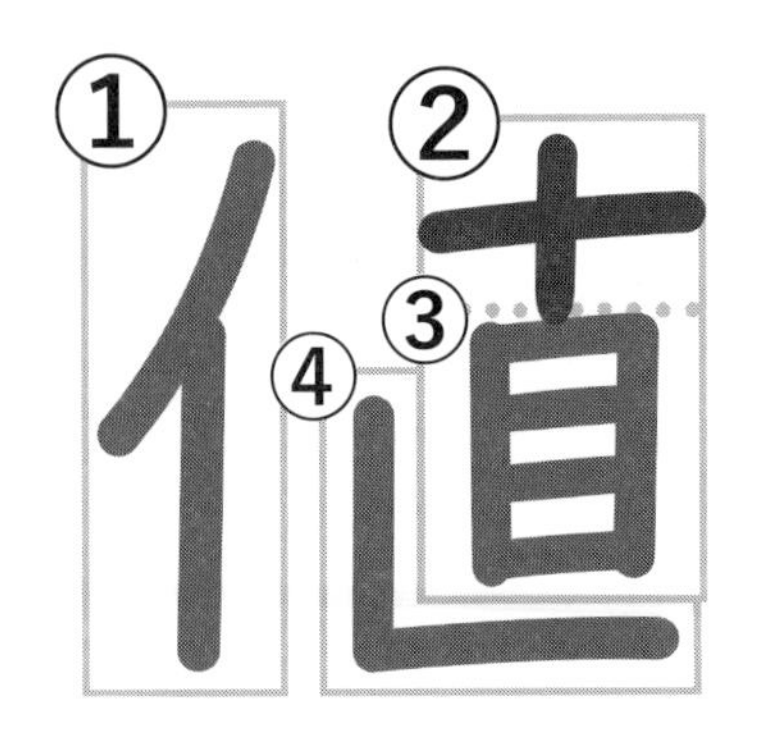

◆ね、あたい

チ

●値段（ねだん）

数式（すうしき）の値（あたい）を計算（けいさん）する。

価値（かち）

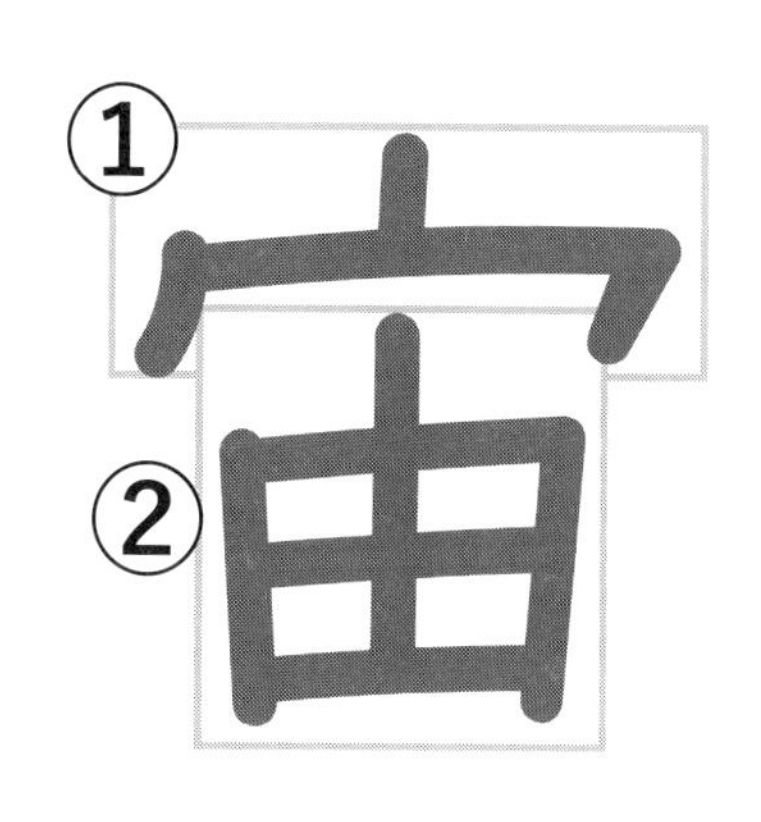

◆ ―

チュウ

● 宇宙（うちゅう）

宙（ちゅう）返（がえ）りをする。

そら／空中（くうちゅう）

真心（まごころ）をつくす

◆ ―

チュウ

● 忠実（ちゅうじつ）

友（とも）だちに忠告（ちゅうこく）する。

◆あらわ－す

いちじる－しい

チョ

●本（ほん）を著（あらわ）す。

成長（せいちょう）が著（いちじる）しい。

著名（ちょめい）な作家（さっか）

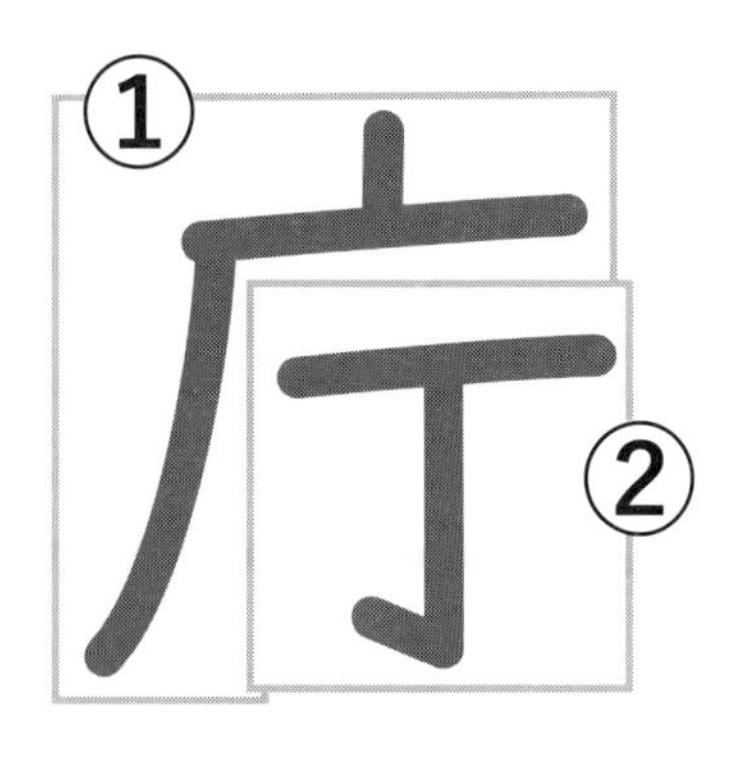

役人(やくにん)が事務(じむ)を行(おこな)うところ

◆ —

チョウ

● 国(くに)の省庁(しょうちょう)
文化庁(ぶんかちょう)
市役所(しやくしょ)の庁舎(ちょうしゃ)

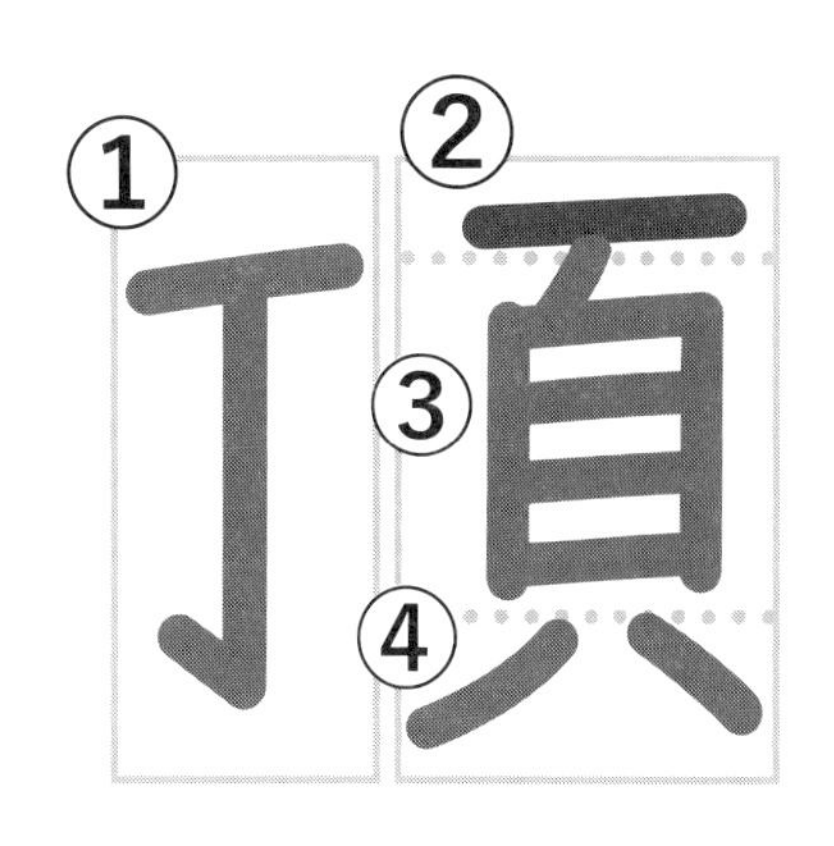

◆いただ－く、いただき
チョウ

●おみやげを頂（いただ）く。
山（やま）の頂（いただき）
頂点（ちょうてん）

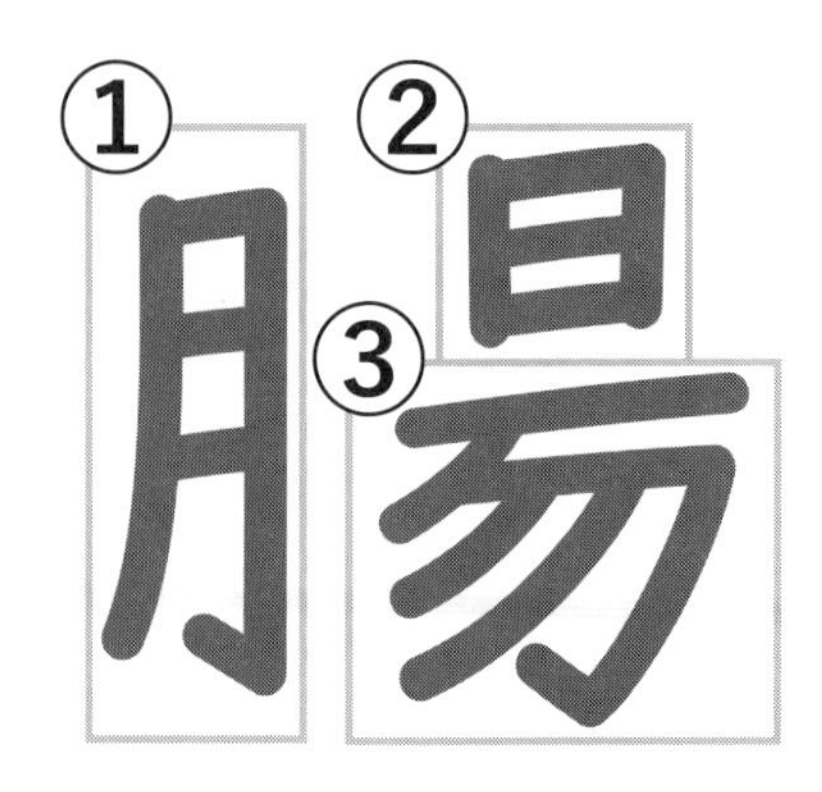

体(からだ)の消化器(しょうかき)の一(ひと)つ

◆ ―

チョウ

●小腸（しょうちょう）

胃腸（いちょう）の調子(ちょうし)を整(ととの)える。

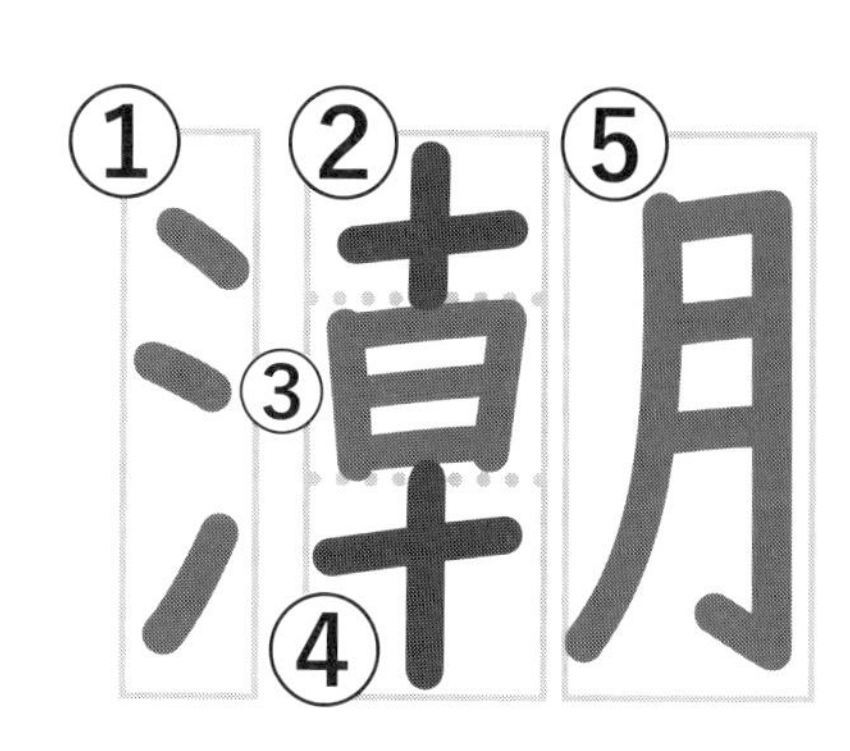

◆しお
チョウ

●このあたりは潮（しお）の流れが
速い。
最近の風潮（ふうちょう）

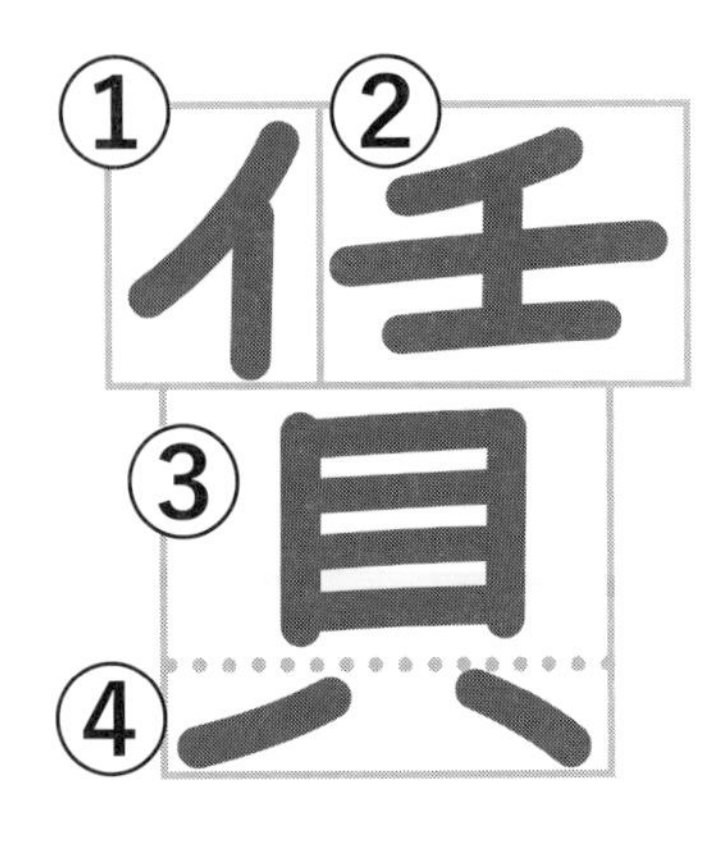

人やものに対して支払うお金

◆ ―

チン

● 賃金（ちんぎん）

電車の運賃（うんちん）を調べる。

◆いた－い
いた－む、いた－める
ツウ

●頭(あたま)が痛(いた)い。
歯(は)が痛(いた)む。
心(こころ)を痛(いた)める。
苦痛（く つう）
痛感（つう かん）

敵

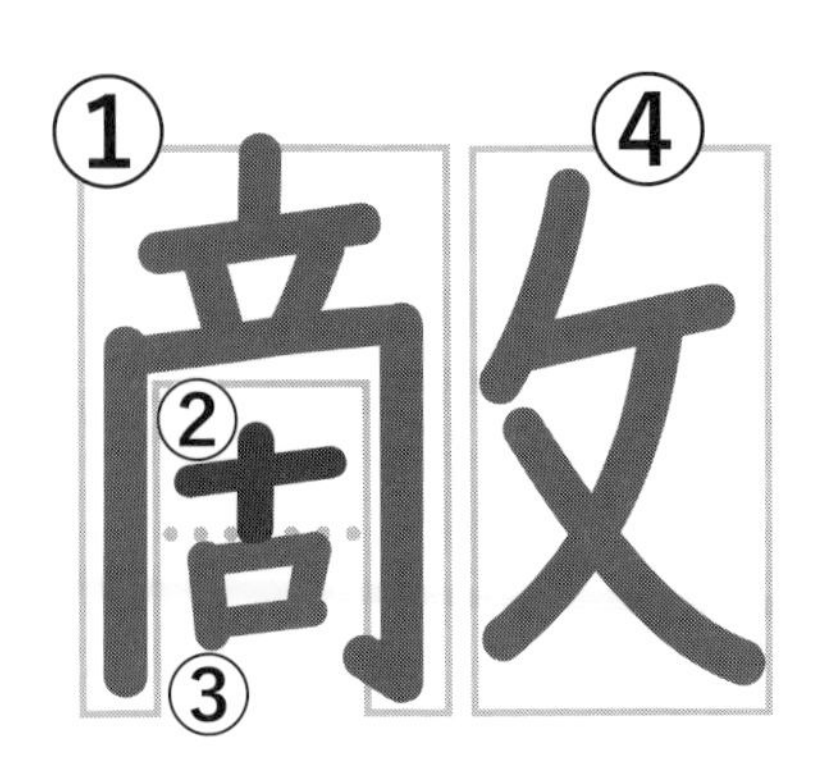

◆かたき
テキ
●敵（かたき）を取る。
敵（てき）と戦う。
無敵（むてき）

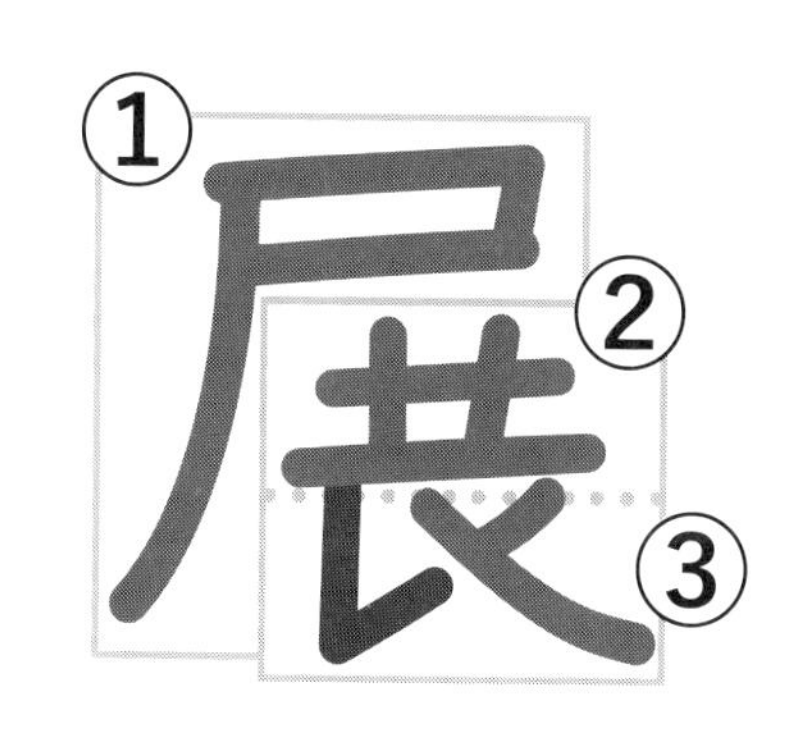

◆ ―

テン

●作品(さくひん)を展示（てんじ）する。

町(まち)が発展（はってん）する。

どこまでも広(ひろ)がる

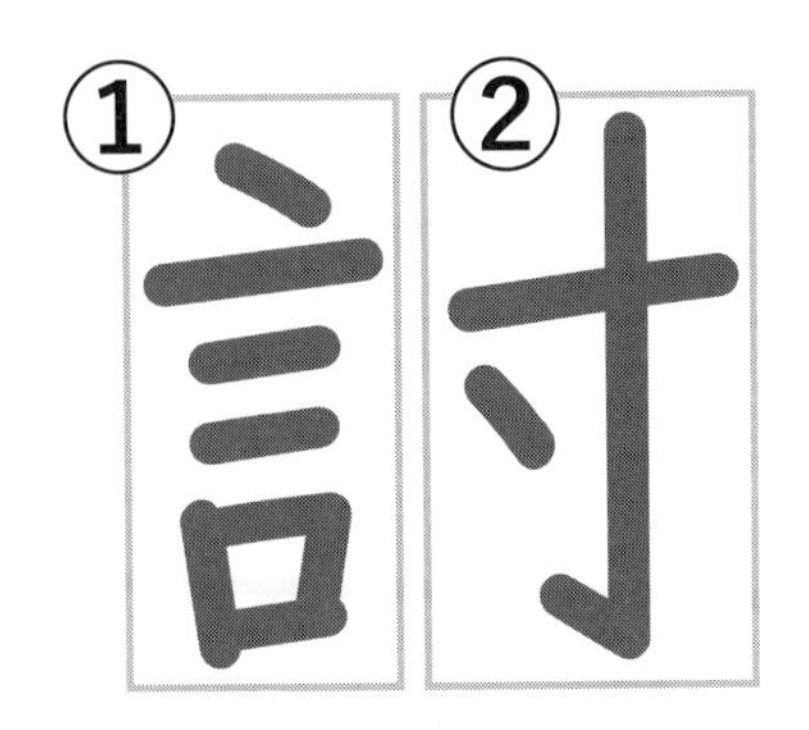

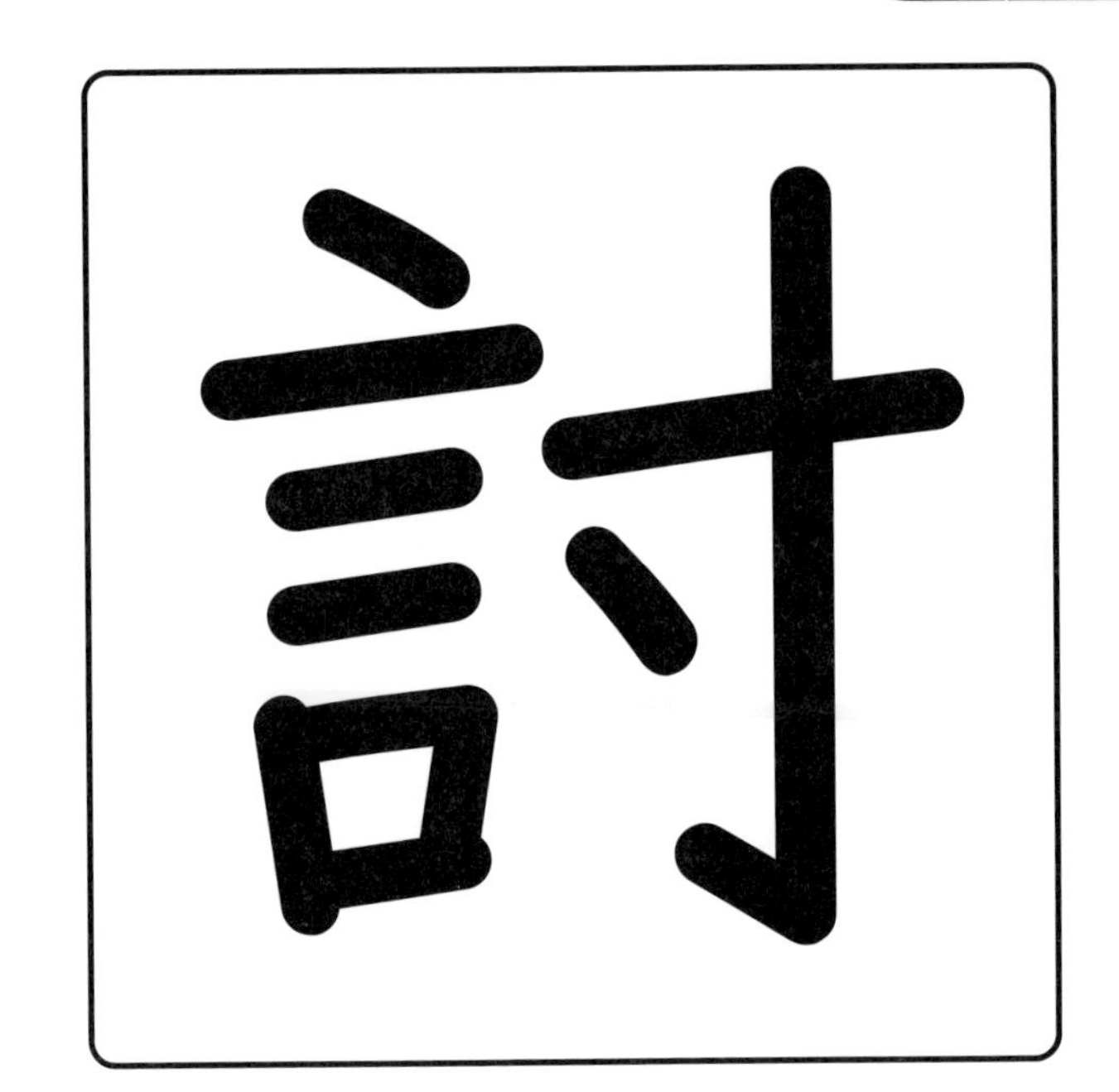

◆うーつ
トウ
●敵(てき)を討（う）つ。
クラスで討論（とうろん）する。

◆ —

トウ

● 政党（せいとう）

党首（とうしゅ）を選挙（せんきょ）で選（えら）ぶ。

なかま

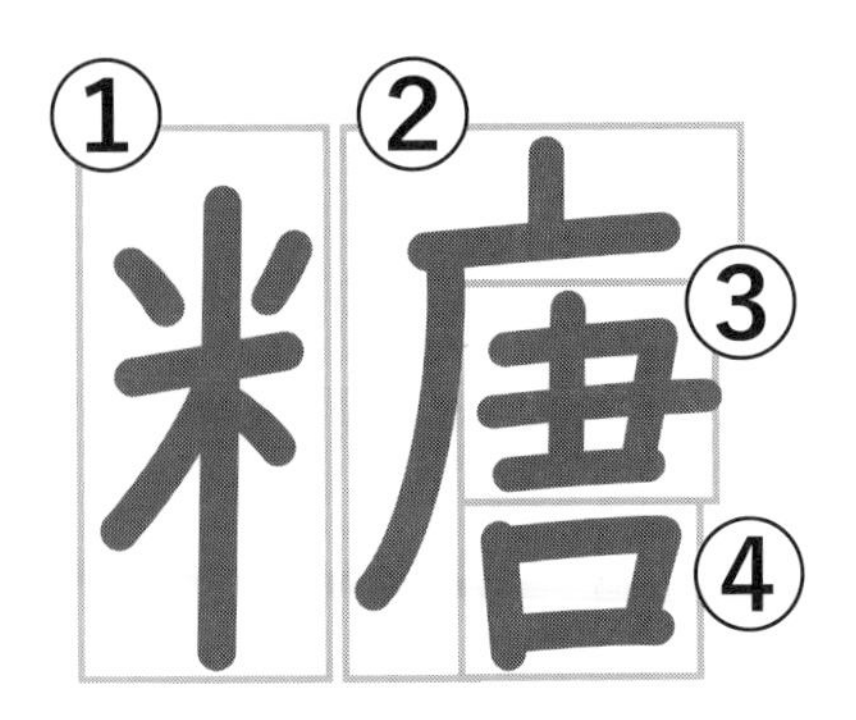

あめ／さとう

◆ ―

トウ

● 砂糖（さとう）

糖分（とうぶん）をひかえる。

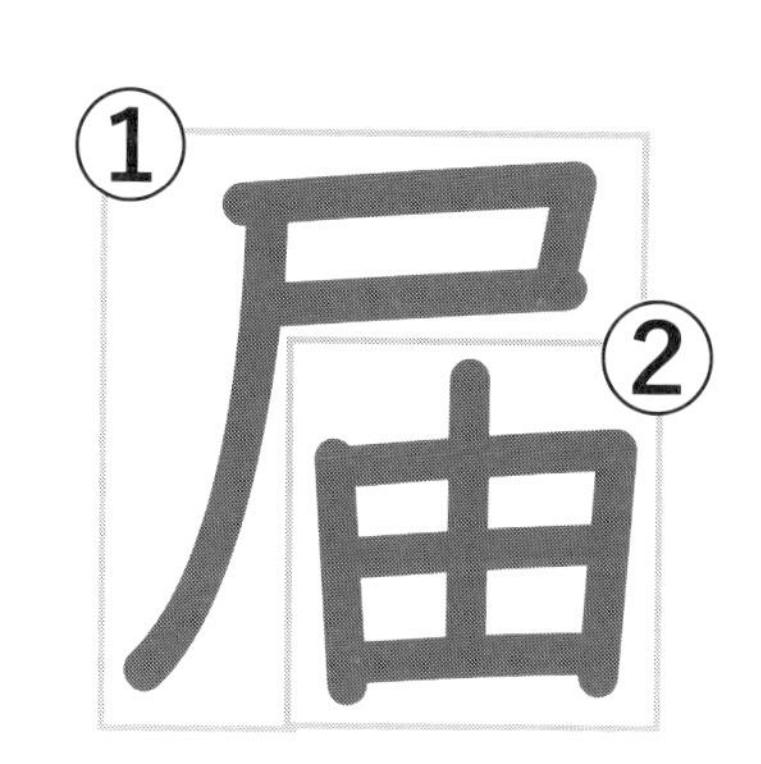

◆とど－ける、とど－く

―

●手紙(てがみ)を届(とど)ける。
注文(ちゅうもん)した商品(しょうひん)が届(とど)く。

難

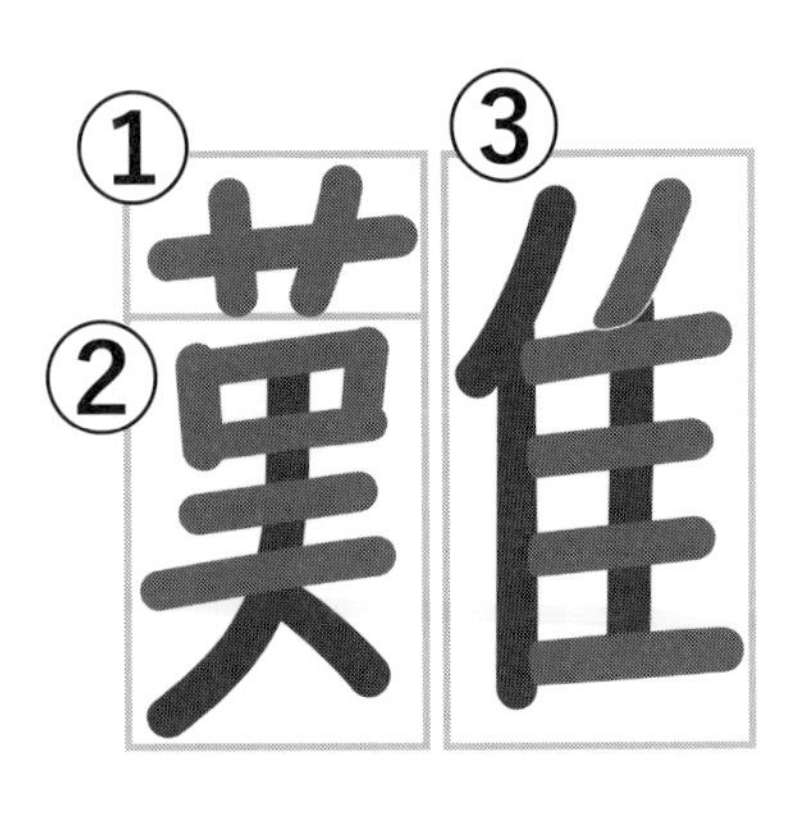

◆むずか－しい

かた－い

ナン

●難（むずか）しい問題（もんだい）

せめるに難（かた）い城（しろ）

どうしても理解（りかい）し難（がた）い。＊

解決（かいけつ）するのが困難（こんなん）な問題（もんだい）

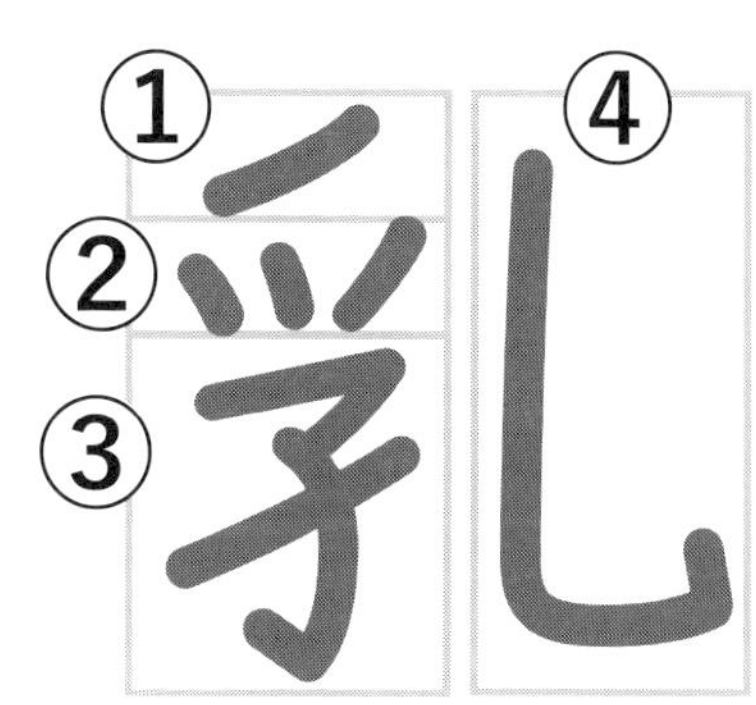

◆ちち、ち
ニュウ

●乳（ちち）ばなれ
乳（ち）飲（の）み児（ご）
牛乳（ぎゅう　にゅう）

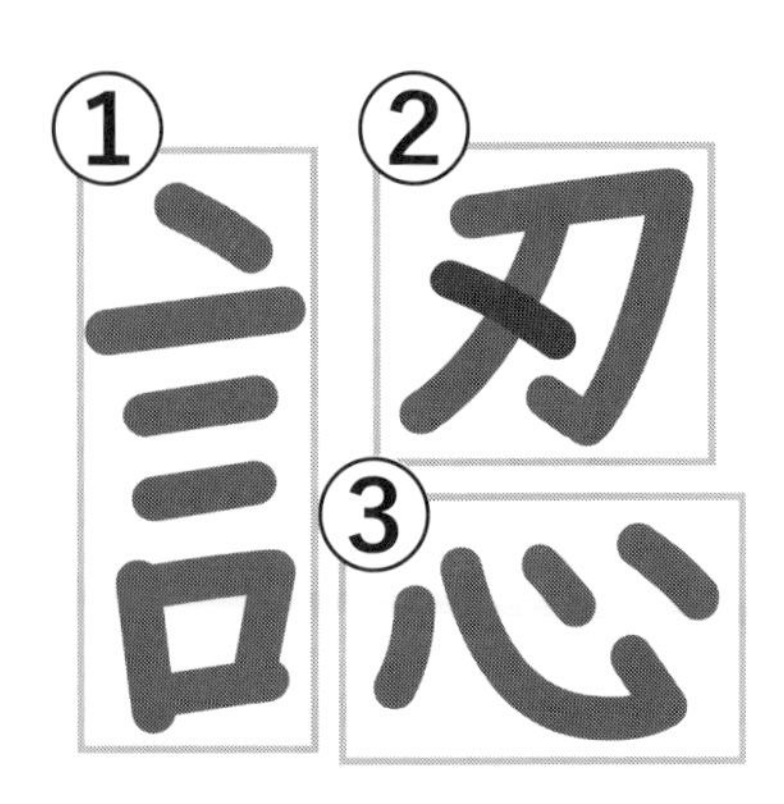

◆みと－める
ニン
●失敗(しっぱい)を認(みと)める。
スケジュールを確認(かくにん)する。

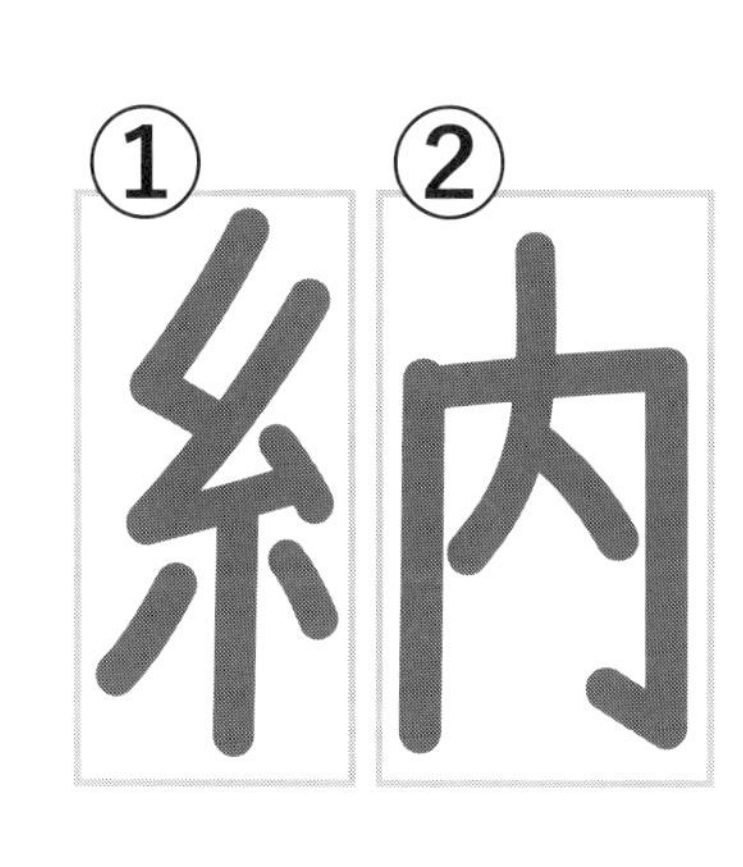

◆おさ－める、おさ－まる

ノウ、ナッ、ナ、ナン、トウ

●税金(ぜいきん)を納(おさ)める。

クローゼットの中(なか)に納(おさ)まる。

商品(しょうひん)を納入(のうにゅう)する。

先生(せんせい)の説明(せつめい)に納得(なっとく)した。

納屋(なや)

納戸(なんど)

出納(すいとう)

＝お金(かね)や物(もの)を出(だ)し入(い)れすること。

脳

のう／あたま／中心(ちゅうしん)となる人(ひと)

◆ ―

ノウ

● 頭脳（ずのう）

首脳（しゅのう）会議(かいぎ)を開(ひら)く。

脳（のう）について研究(けんきゅう)する。

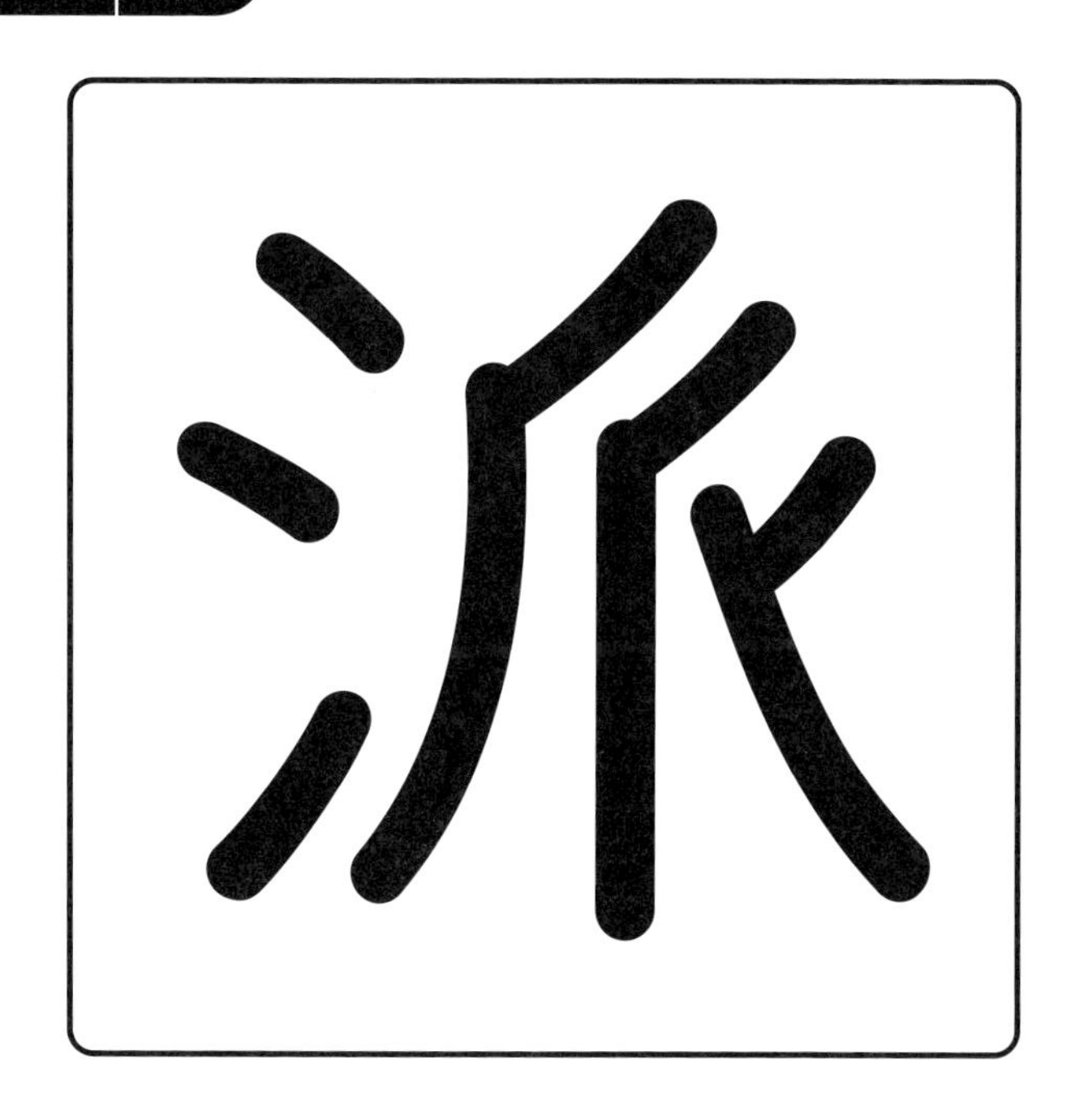

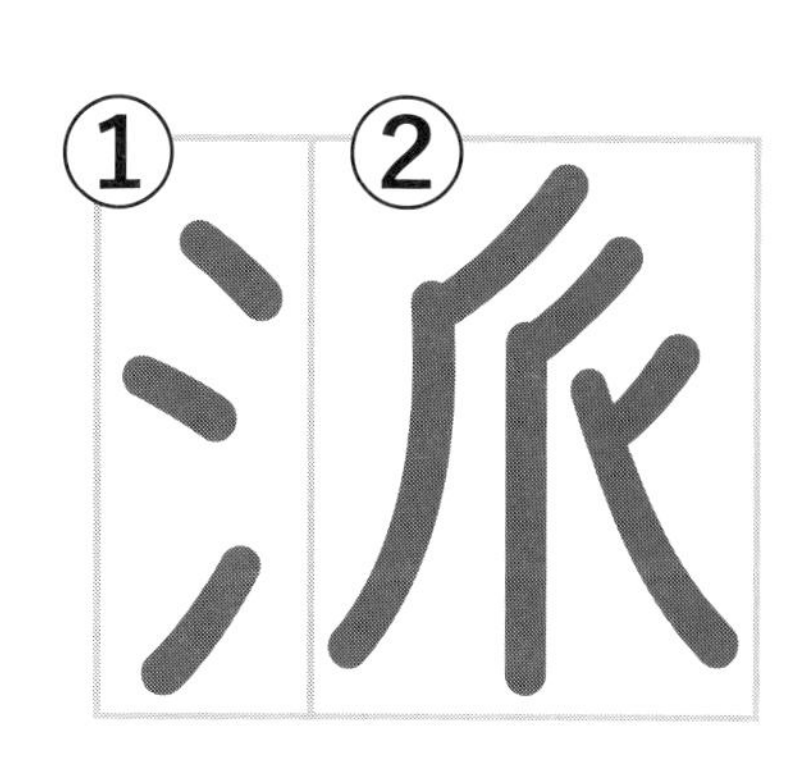

◆―

ハ

●本格派（ほんかくは）

派手（はで）な色使（いろづか）い

枝分（えだわ）かれしたもの

◆おが－む

ハイ

●神様（かみさま）を拝（おが）む。

拝見（はいけん）します。

神社（じんじゃ）に参拝（さんぱい）＊する。

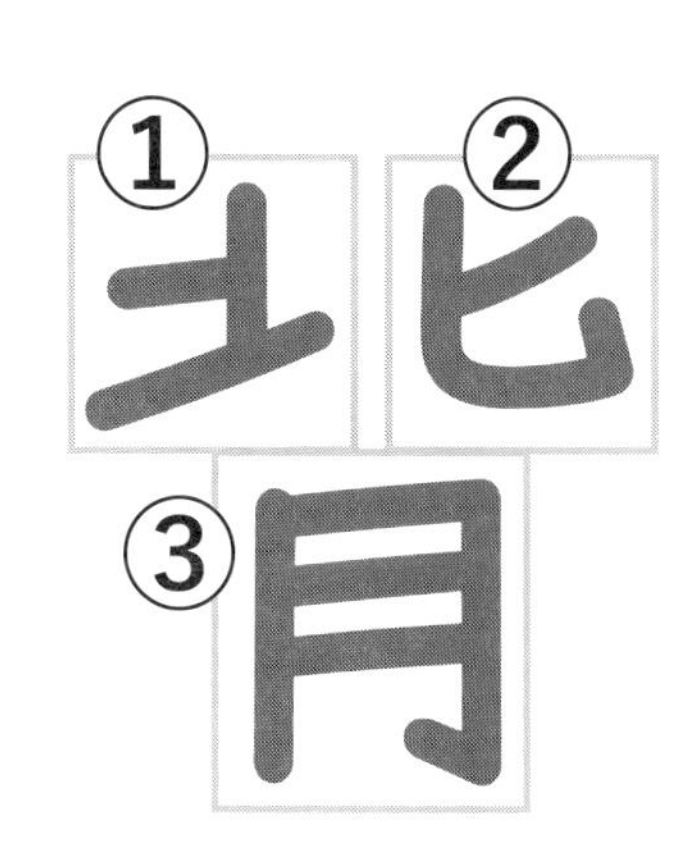

◆せ、せい
そむ－く、そむ－ける
ハイ

●背中（せなか）
背（せい）比（くら）べ
命令（めいれい）に背（そむ）く。
顔（かお）を背（そむ）ける。
背景（はいけい）

肺

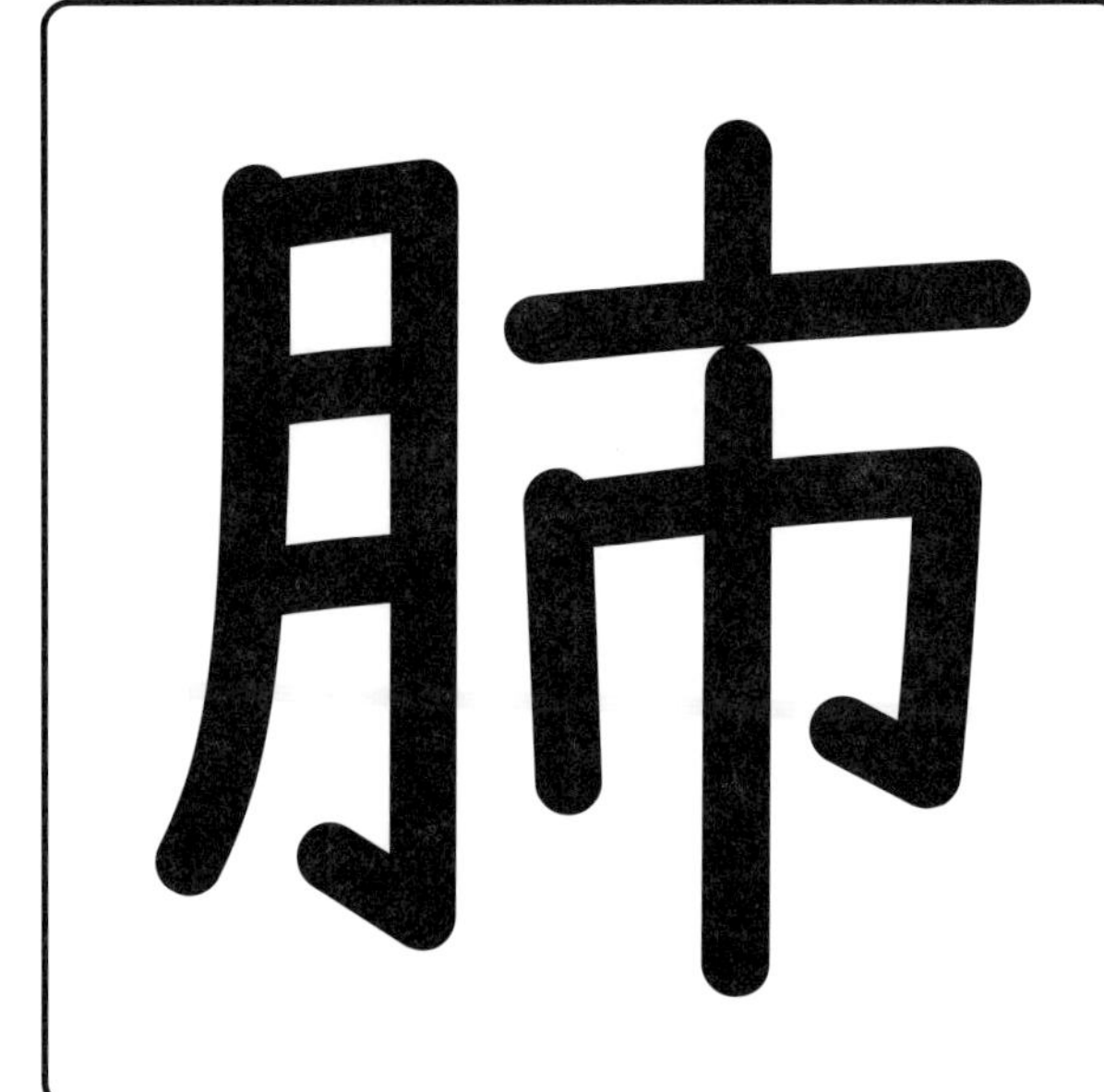

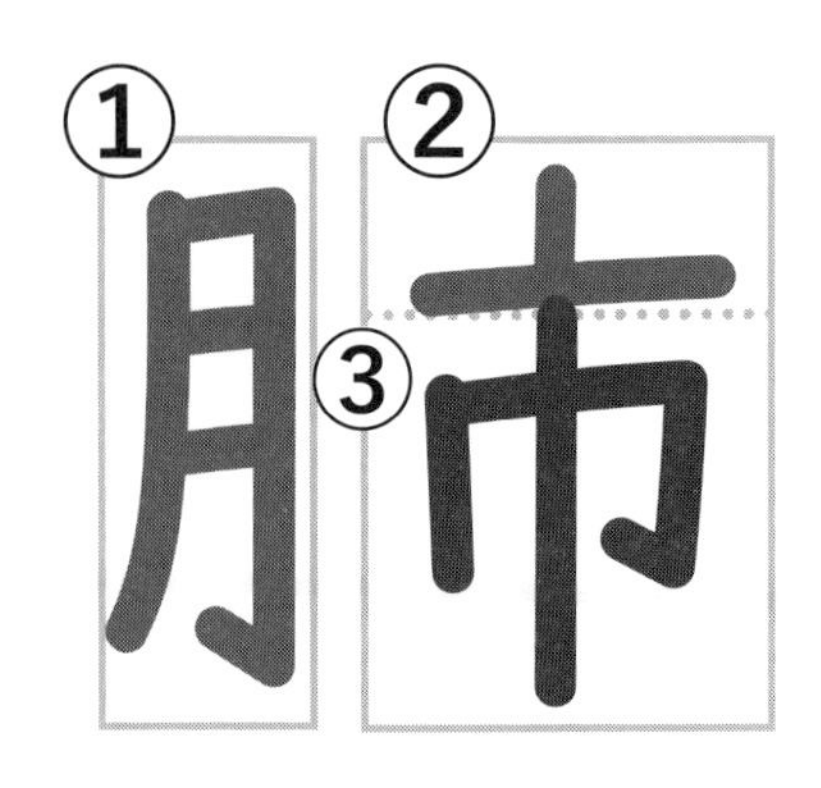

体（からだ）の中（なか）にある呼吸器（こきゅうき）

◆ ―

ハイ

●肺活量（はい かつ りょう）

心肺（しん ぱい＊）機能（きのう）を高（たか）める。

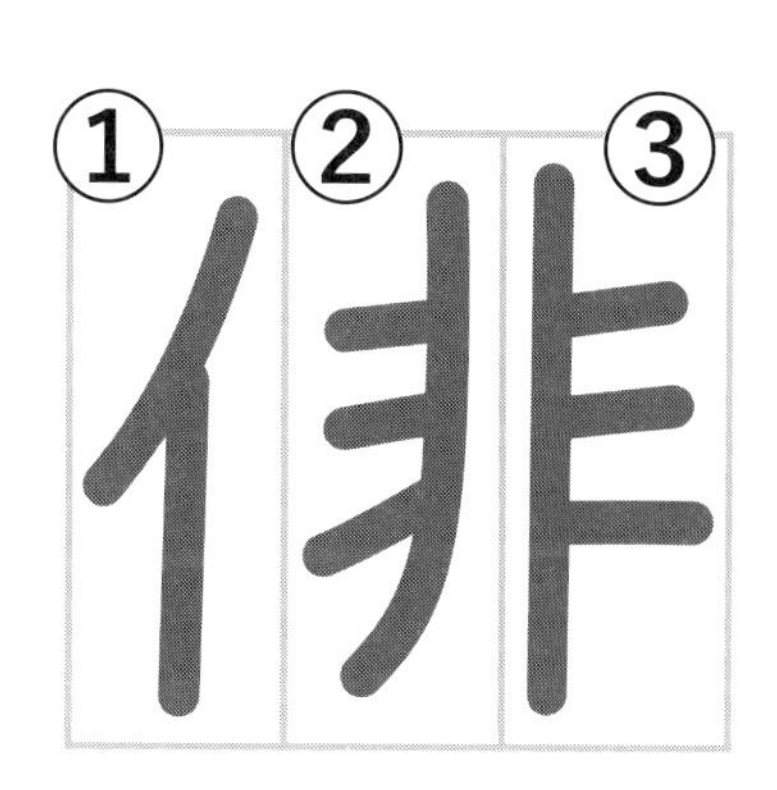

◆ハイ
●俳句（はいく）
俳優（はいゆう）を目指（めざ）す。

役者（やくしゃ）／おどけ

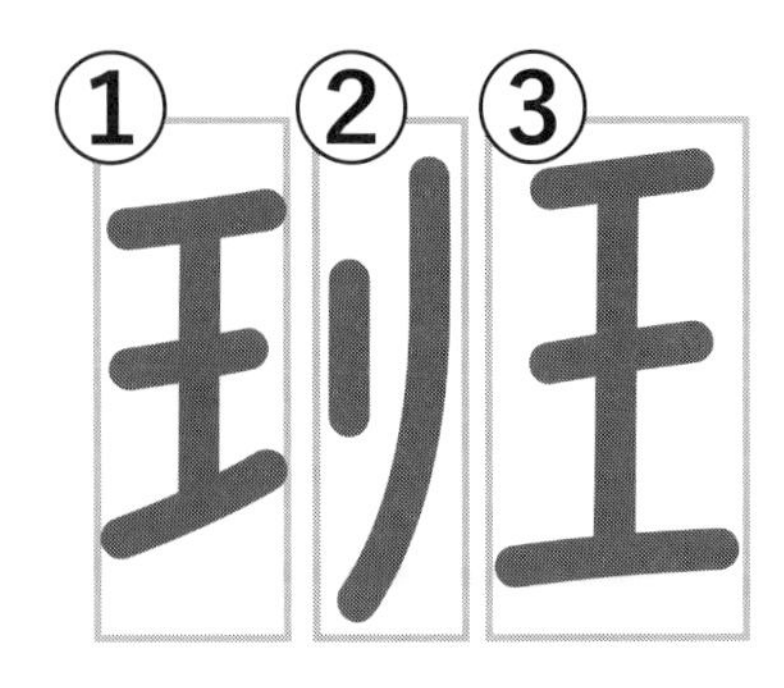

班

いくつかに分（わ）けたグループ

◆ ー

ハン

● 班長（はんちょう）

各班（かくはん）ごとに活動（かつどう）する。

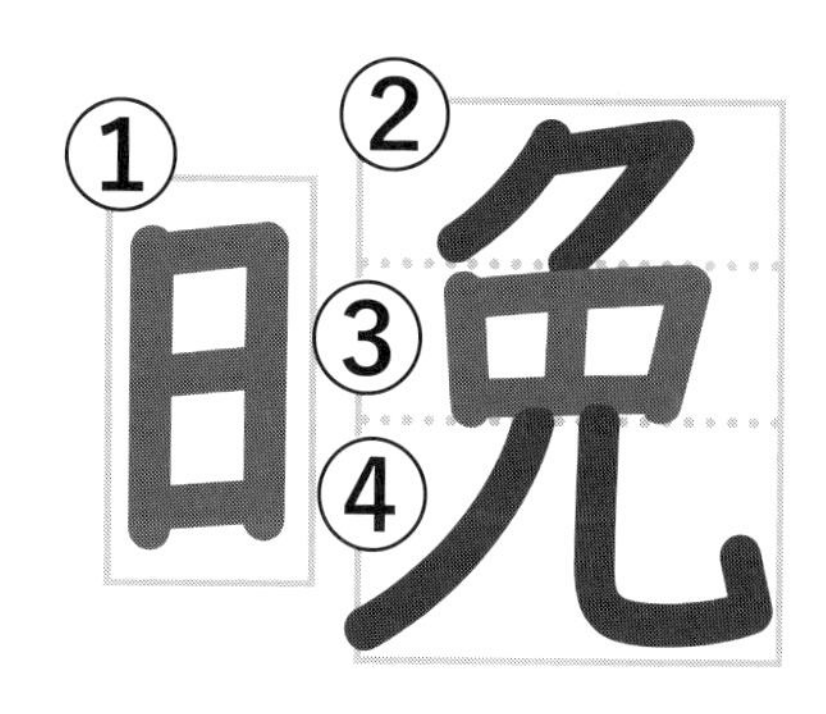

◆ —

バン

●晩（ばん）ごはん

幸(しあわ)せな晩年（ばんねん）を過(す)ごす。

日暮(ひぐ)れ／夜(よる)／終(お)わりに近(ちか)い

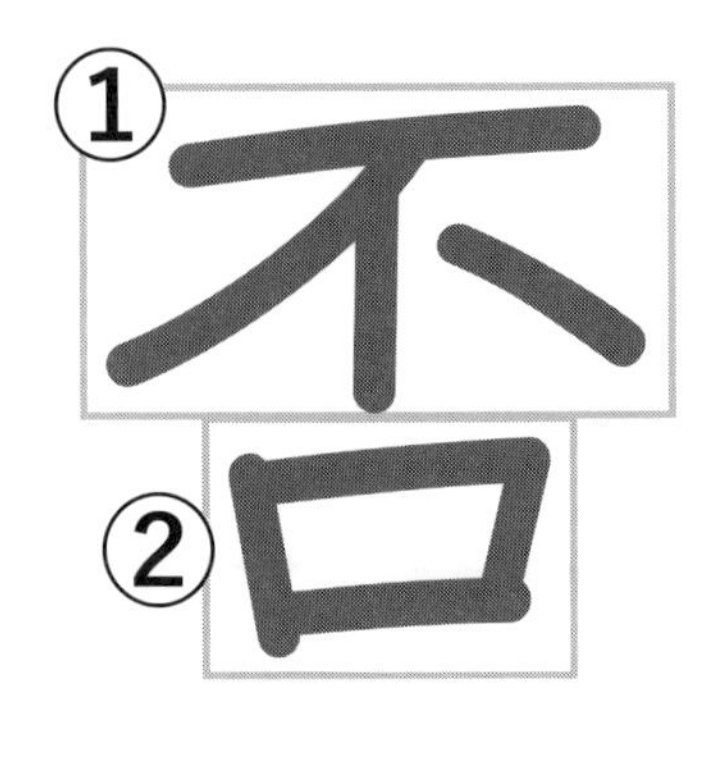

◆いな

ヒ

●事実（じじつ）か否（いな）かについて話（はな）す。

うわさを否定（ひてい）する。

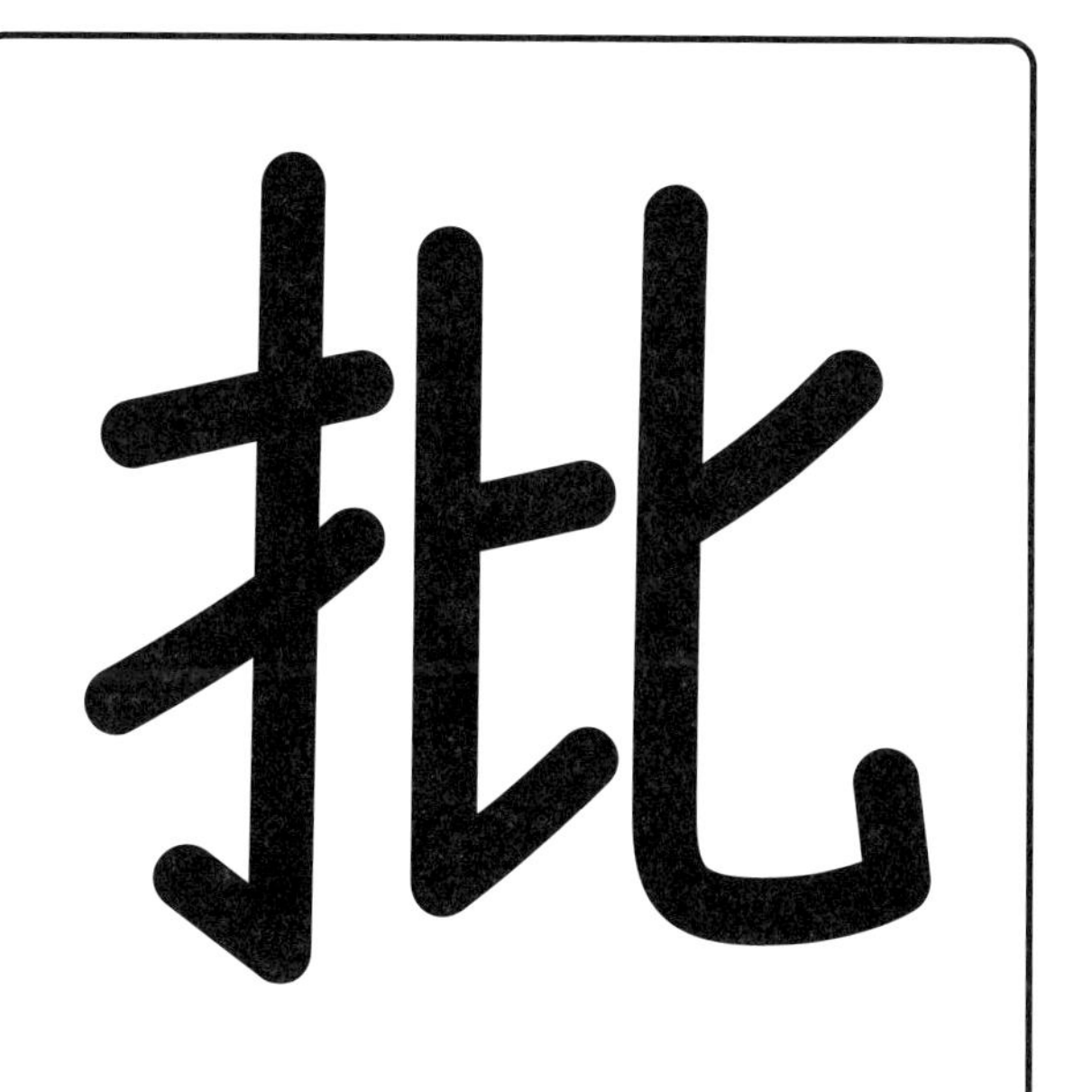

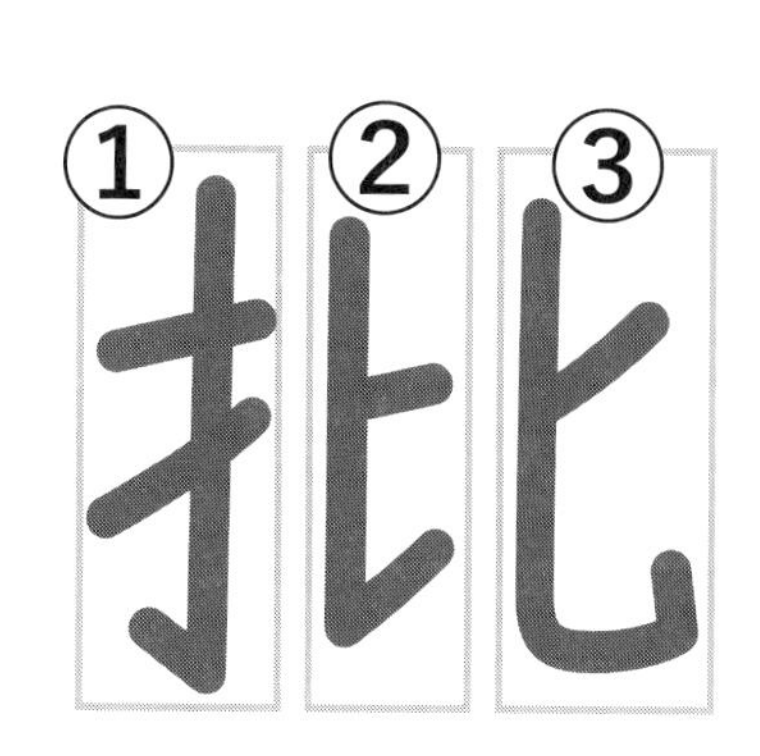

◆ —

ヒ

● 政策(せいさく)を批判(ひはん)する。

作品(さくひん)を批評(ひひょう)する。

よい・わるいを決(き)める

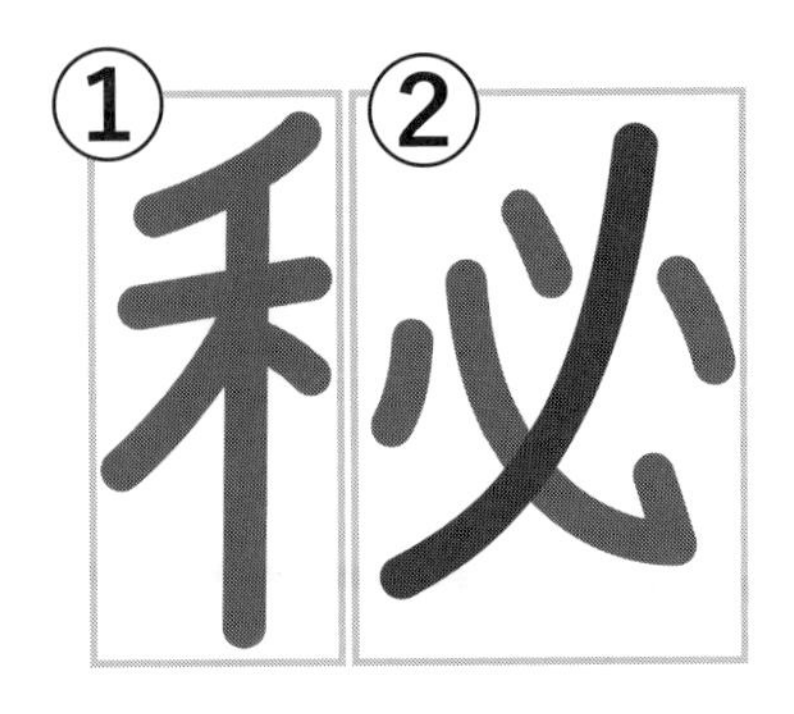

◆ひ－める

ヒ

●強(つよ)さを内(うち)に秘(ひ)める。

秘密(ひみつ)

◆たわら
ヒョウ
●俵（たわら）の形（かたち）をしたおにぎり
土俵（どひょう）

腹

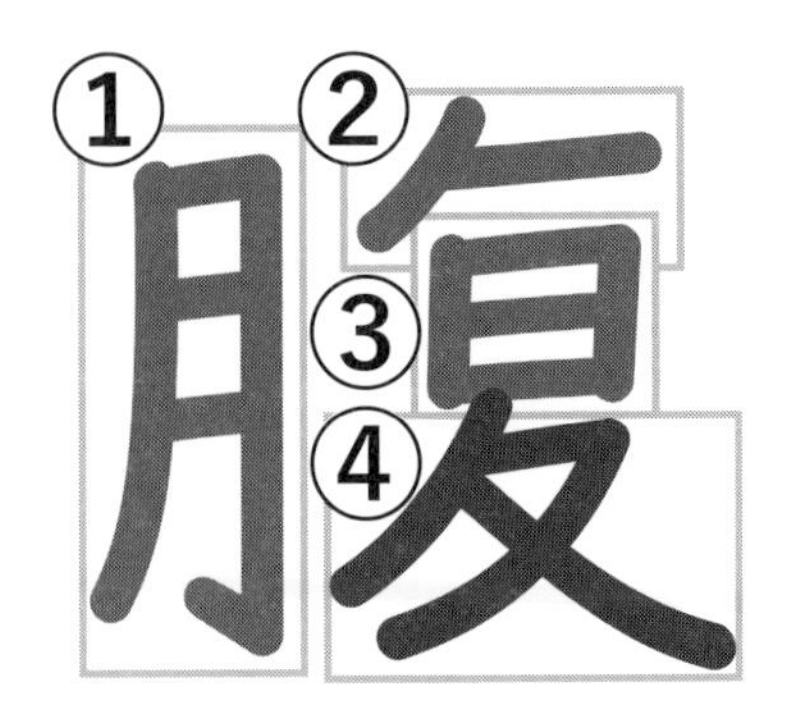

◆はら

フク

●腹（はら）を立（た）てる。

腹痛（ふくつう）

◆ふる-う

フン

●勇気(ゆうき)を奮(ふる)う。

コンサートに興奮(こうふん)した。

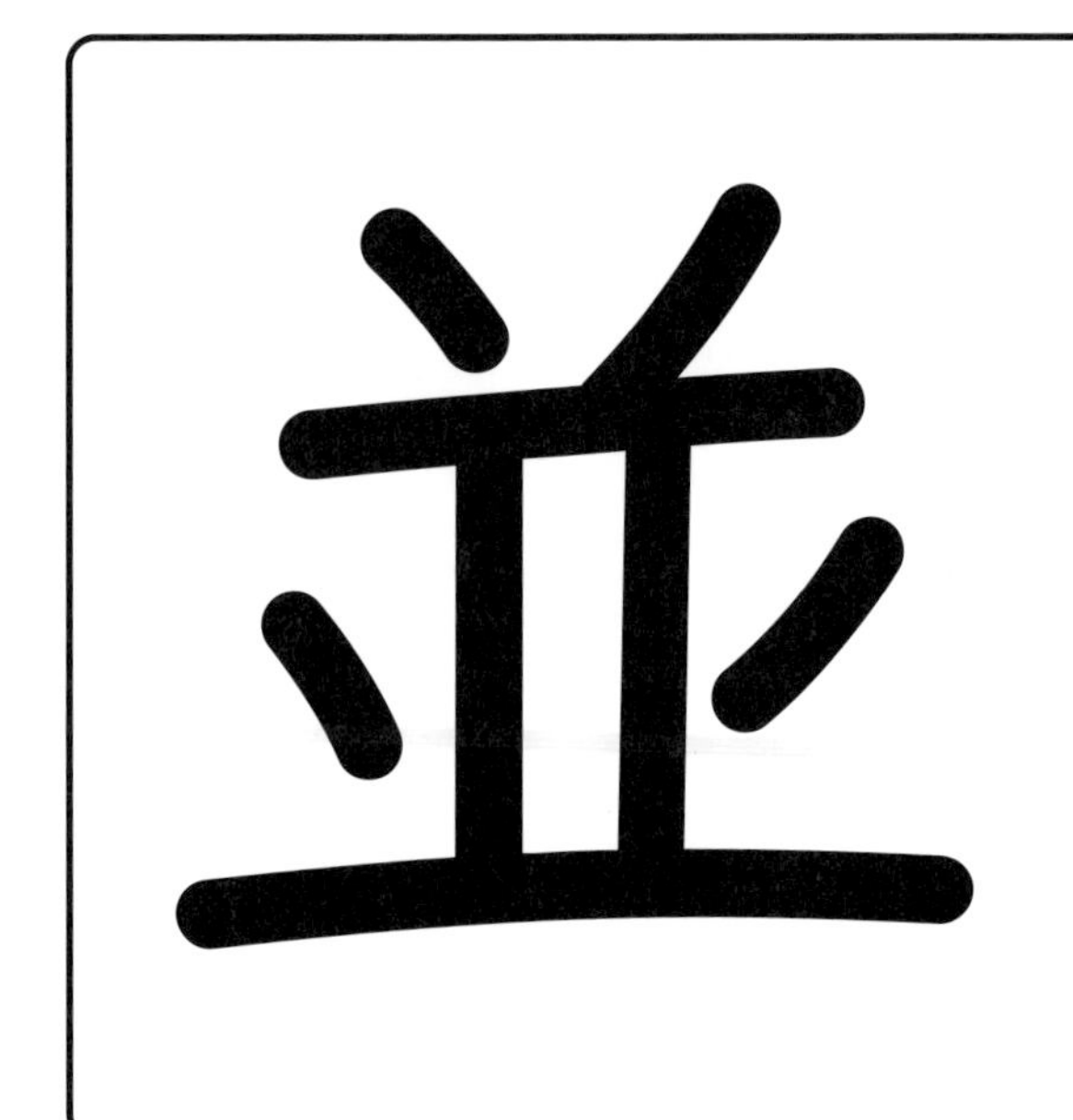

◆**なみ、なら**ーべる、**なら**ーぶ、**なら**ーびに

ヘイ

●机(つくえ)を並(なら)べる。

列(れつ)に並(なら)ぶ。

並行(へいこう)

並木(なみき)

◆ ―

ヘイ

● 天皇陛下（てんのうへいか）

天皇（てんのう）・皇后（こうごう）などを敬う（うやまう）ことば

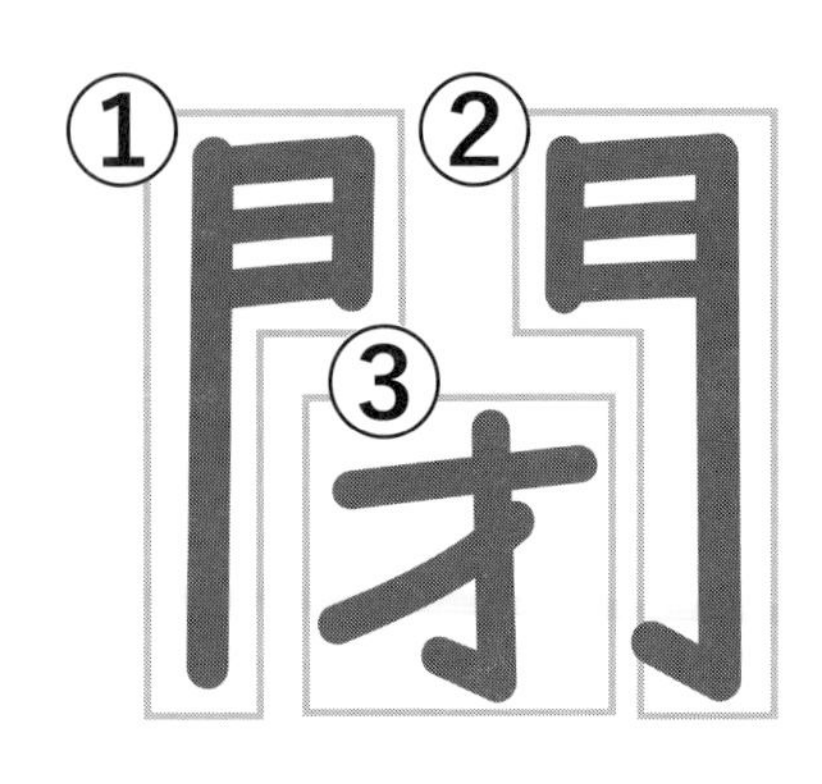

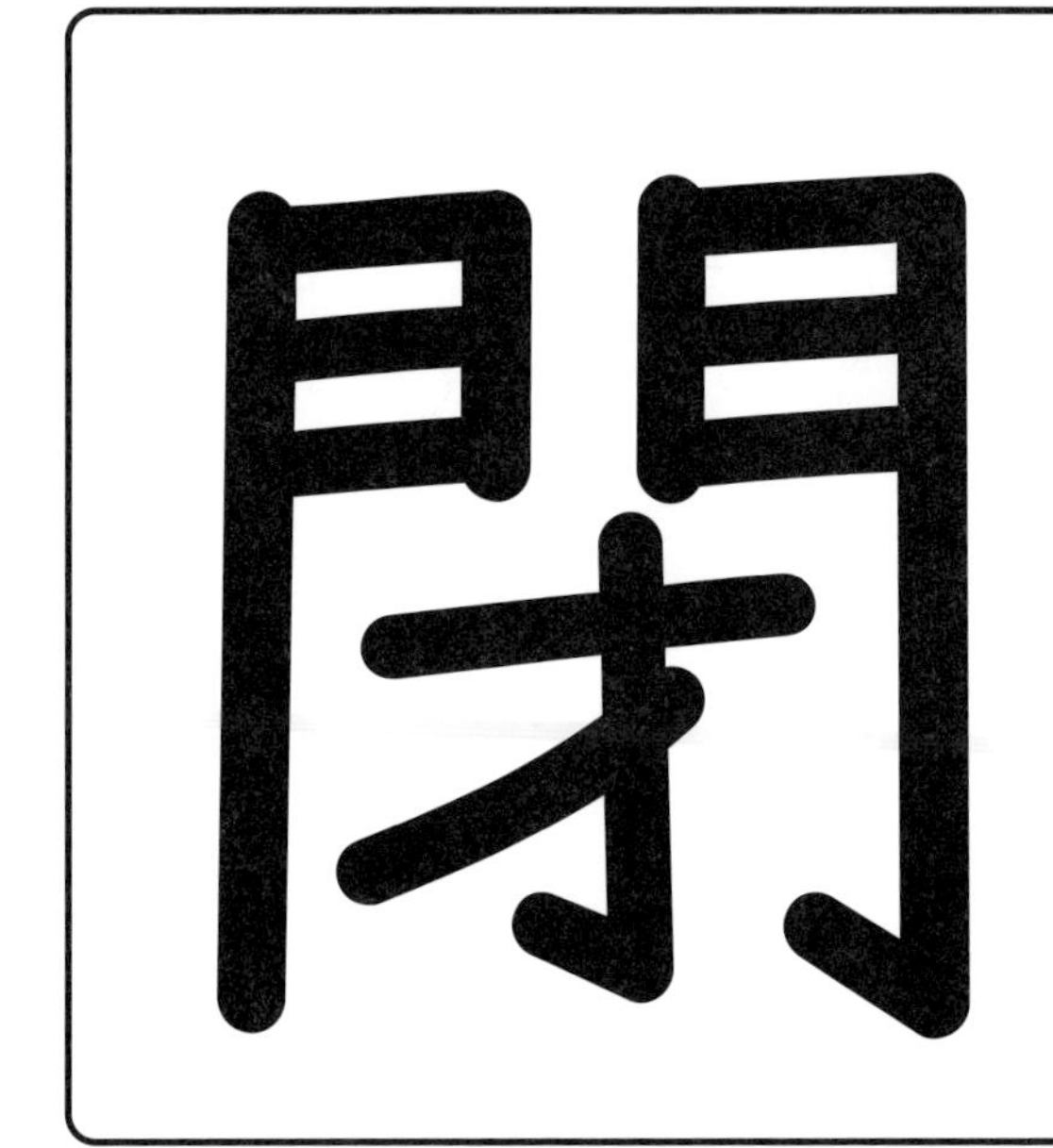

◆**と**－じる、**と**－ざす

し－める、**し**－まる

ヘイ

●本(ほん)を閉（と）じる。

口(くち)を閉（と）ざす。

店(みせ)を閉（し）める。

ドアが閉（し）まる。

閉会式（へい　かい　しき）

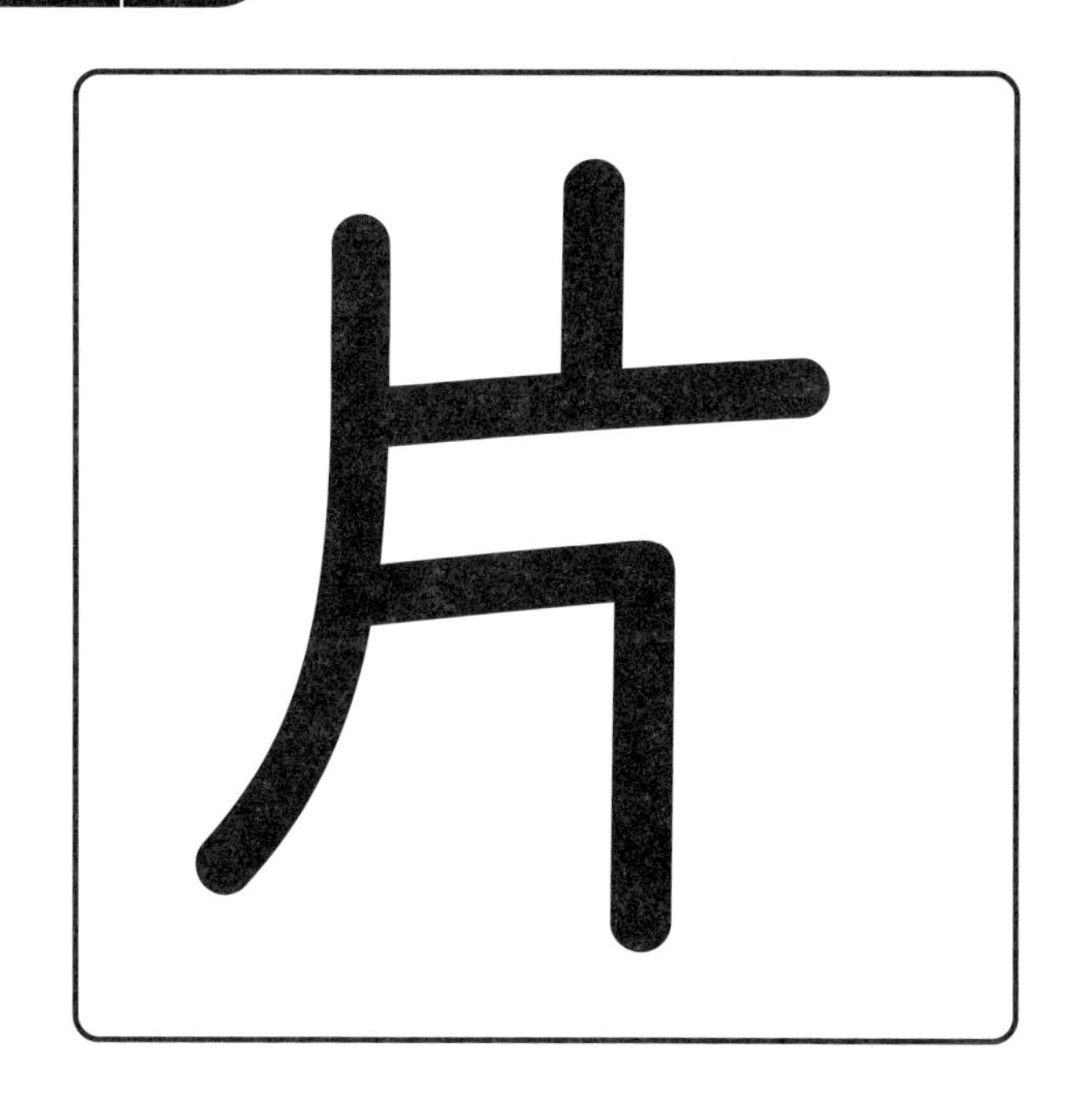

◆かた
ヘン
●片方（かた ほう）だけの 手（て）ぶくろ
ガラスの破片（は へん）

① ②

補

◆おぎな－う

ホ

●足(た)りない栄養(えいよう)を補（おぎな）う。

補足（ほそく）の説明(せつめい)

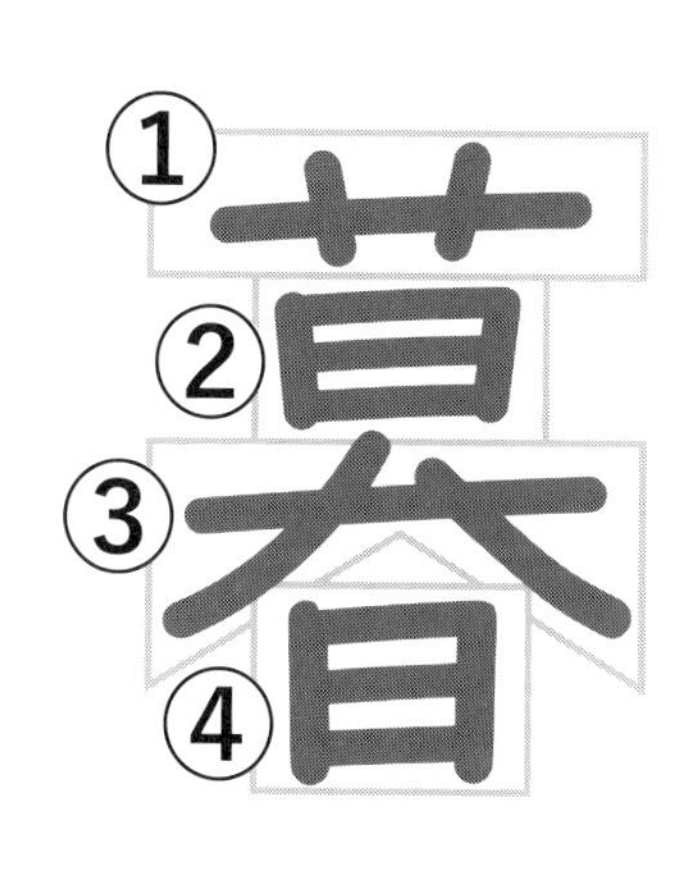

◆く－れる、く－らす

ボ

●日(ひ)が暮（く）れる。

外国(がいこく)で暮（く）らす。

お歳暮（せいぼ）

＝世話(せわ)になった人(ひと)などに年末(ねんまつ)におくり物(もの)をすること。

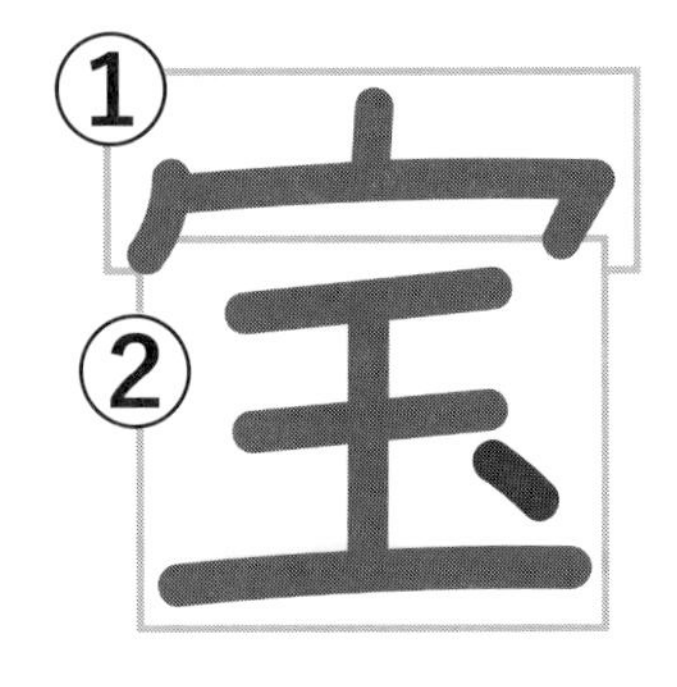

◆たから

ホウ

●自分(じぶん)だけの宝物（たから　もの）

宝石（ほう　せき）

① ②

◆おとず－れる

たず－ねる

ホウ

●日本(にほん)を訪（おとず）れる外国(がいこく)の旅行者(りょこうしゃ)

友人(ゆうじん)の家(いえ)を訪（たず）ねる。

訪問（ほうもん）

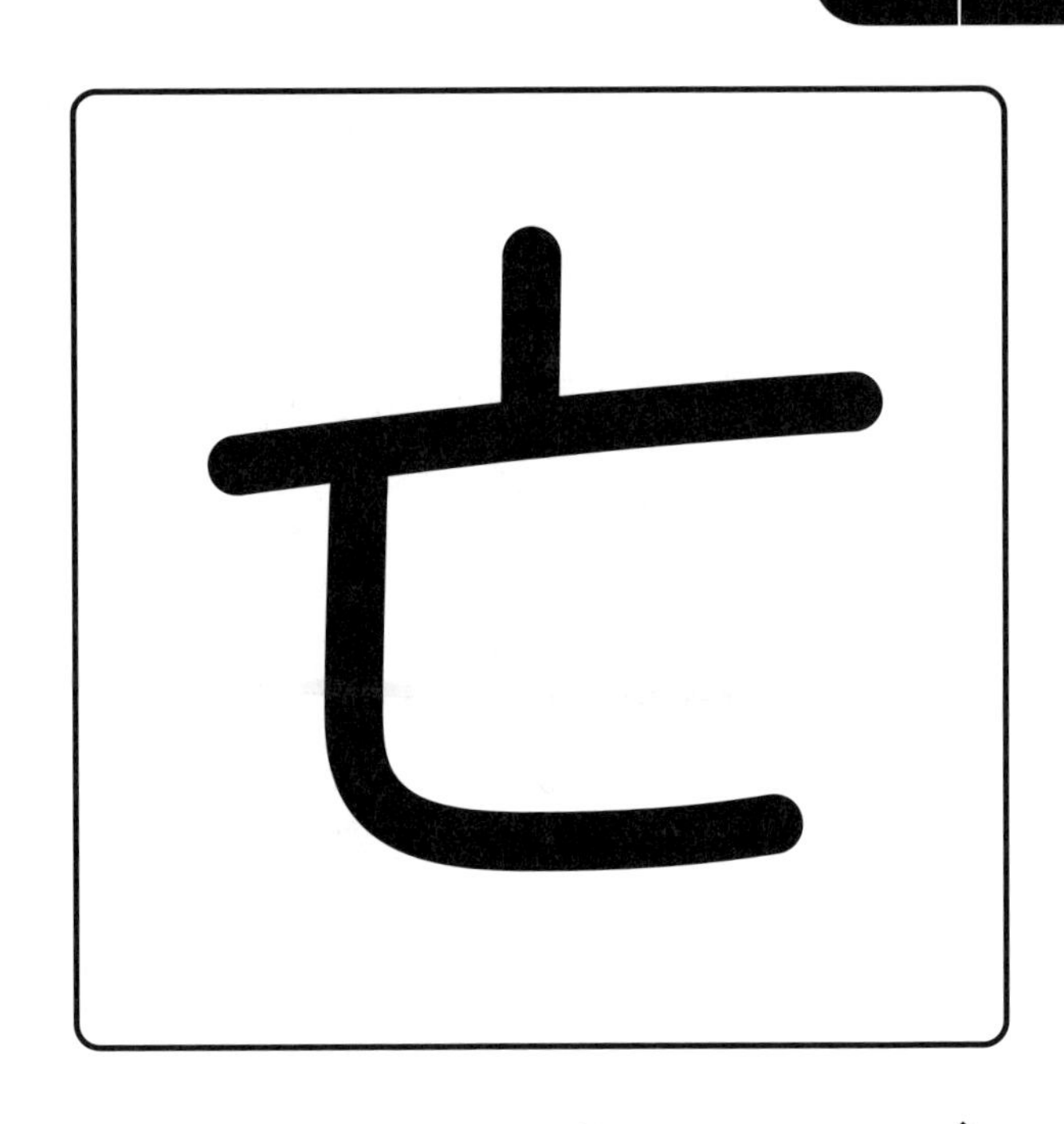

◆なーい
ボウ、モウ
●今(いま)は亡(な)き＊祖父(そふ)
死亡(しぼう)
亡者(もうじゃ)

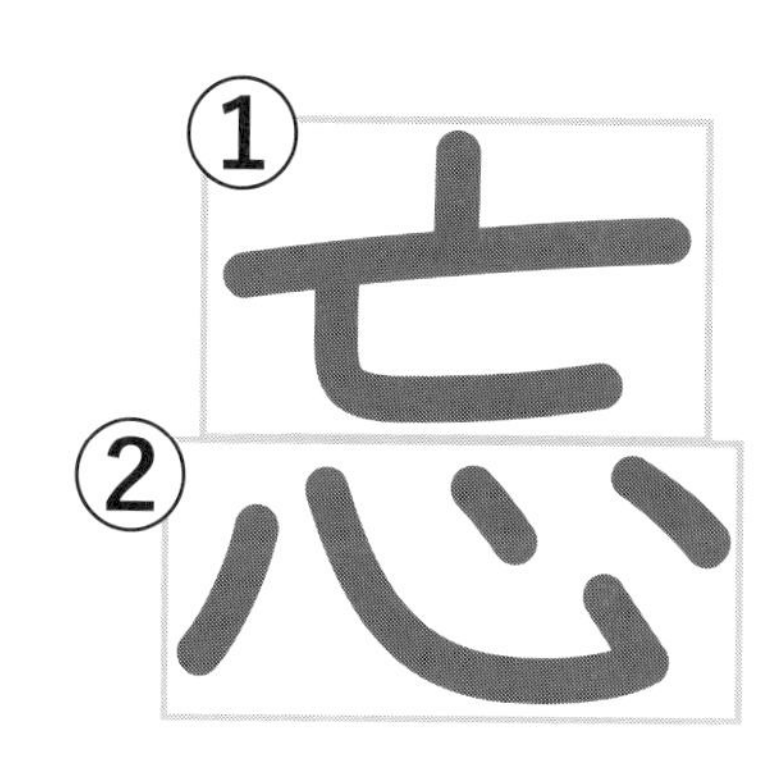

◆わす－れる
ボウ

●ノートを忘（わす）れる。
忘年会（ぼう ねん かい）

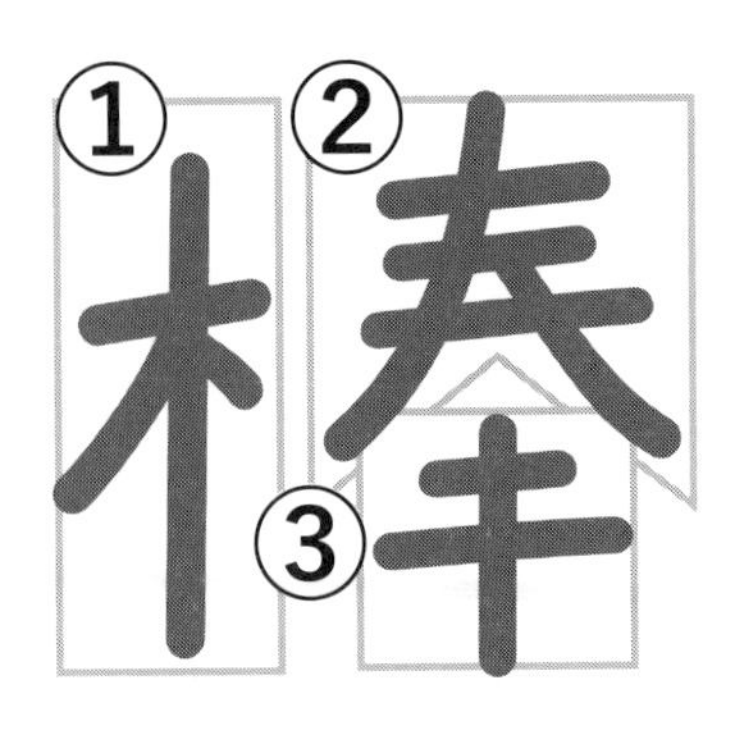

細長(ほそなが)いもの／まっすぐな線(せん)

◆ ―

● ボウ

鉄棒（てつぼう）

犬(いぬ)も歩(ある)けば棒（ぼう）に当(あ)たる。

＝何(なに)かしようとすると、思(おも)いがけないことにあうというたとえ（ことわざ）。

◆ ―

マイ

● 枚数（まいすう）

一人（ひとり）一枚（いちまい）ずつ配（くば）る。

薄（うす）くて平（ひら）たいものを数（かぞ）えることば

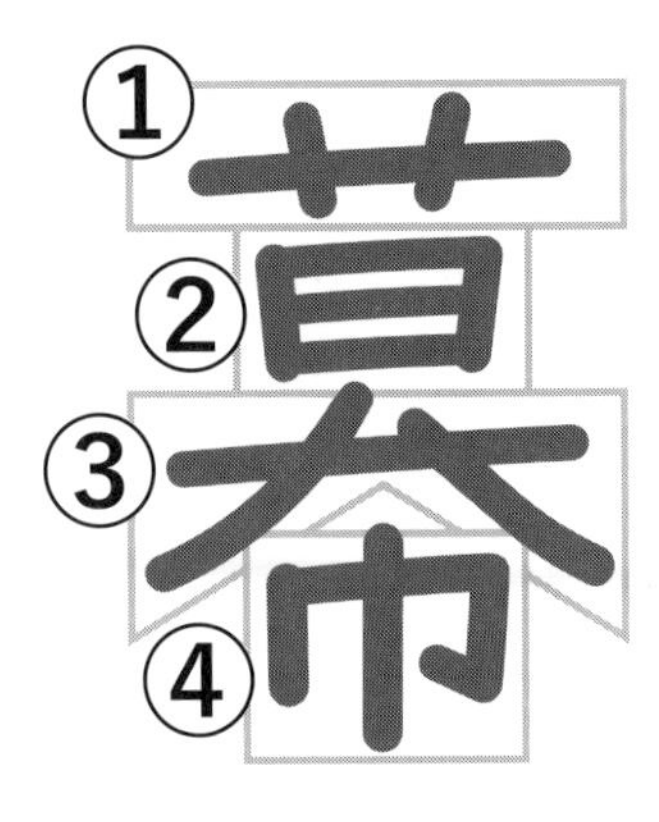

ものをおおう布（ぬの）／芝居（しばい）のくぎり

◆ ―

マク、バク

●横断幕（おうだんまく）

演劇（えんげき）の幕（まく）が上（あ）がる。

幕府（ばくふ）

◆—

ミツ

●秘密（ひみつ）
密度（みつど）
密林（みつりん）が広（ひろ）がる。

人（ひと）に知（し）られない／すきまがない

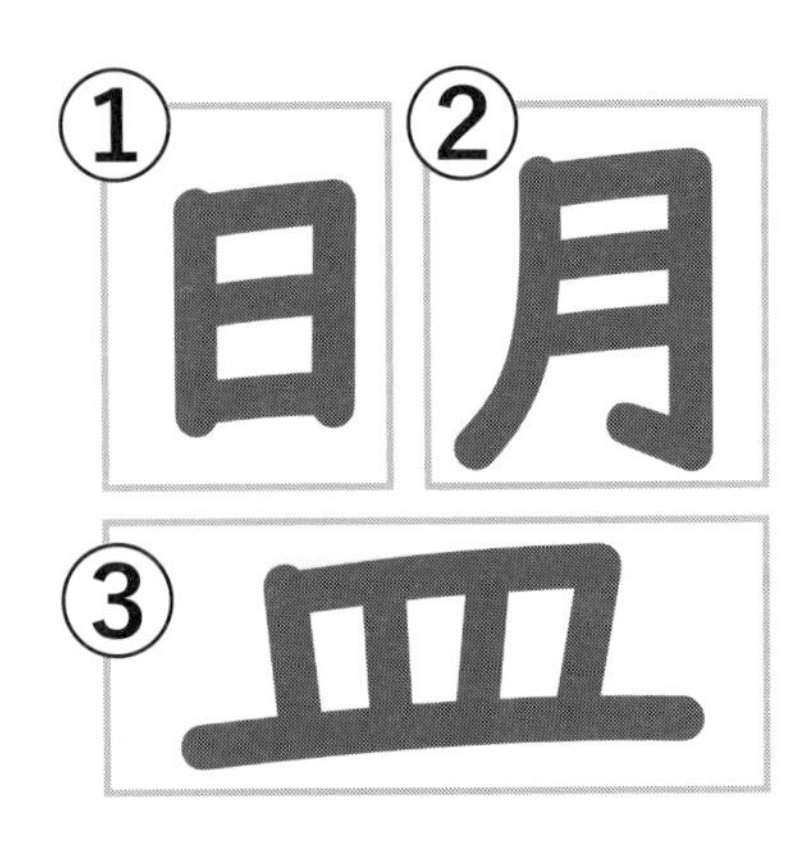

なかまと約束(やくそく)する

◆ —

メイ

● 連盟（れんめい）

同盟（どうめい）を結(むす)ぶ。

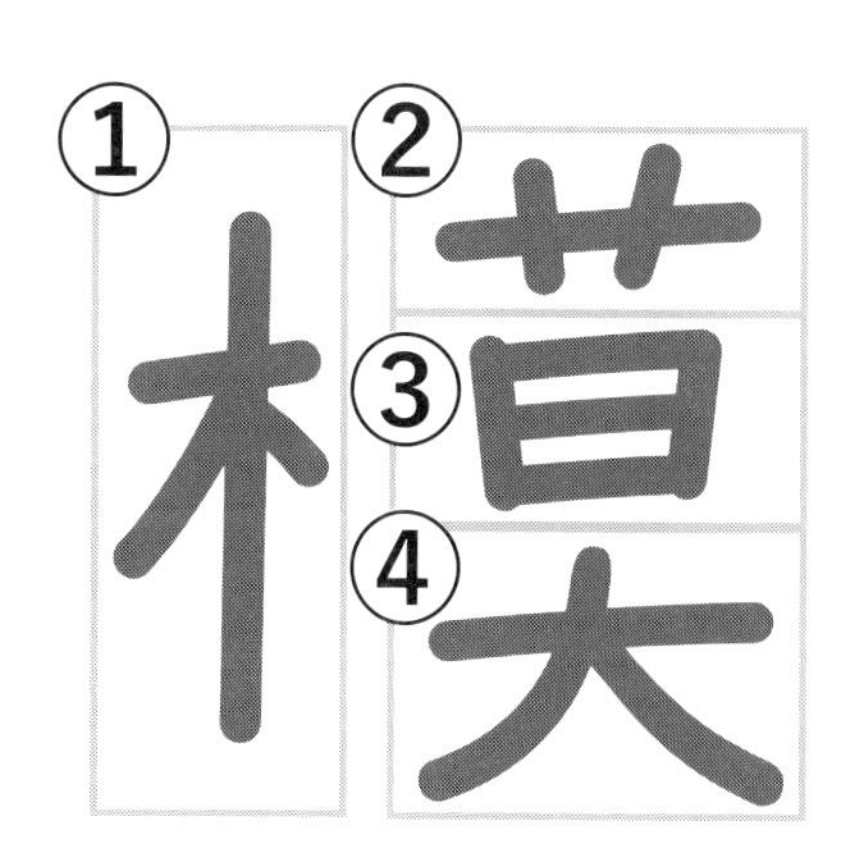

◆ —

モ、ボ

●模型（もけい）

規模（きぼ）が大（おお）きい。

同（おな）じ形（かたち）を作（つく）る型（かた）／お手本（てほん）

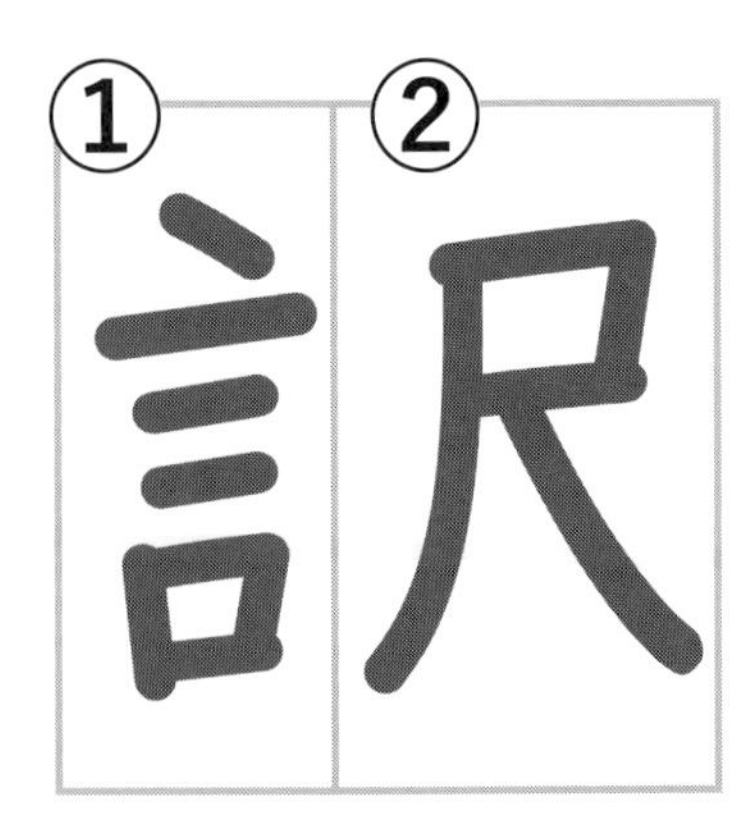

◆わけ
ヤク
●けんかになった訳（わけ）を話（はな）す。
通訳（つうやく）

郵

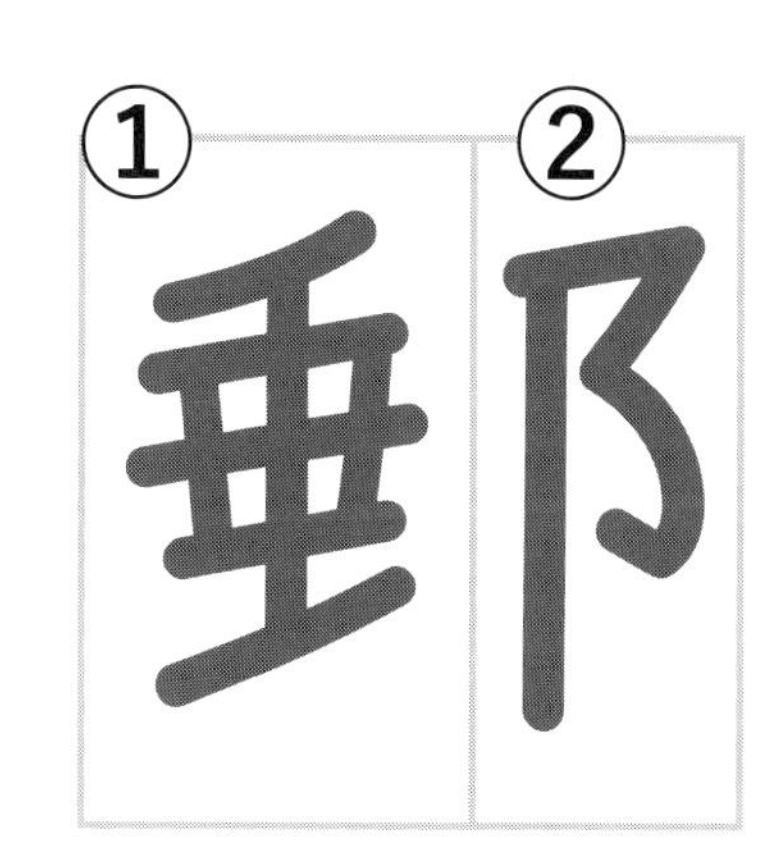

◆ —

ユウ

● 郵便（ゆうびん）

書類（しょるい）を郵送（ゆうそう）する。

手紙（てがみ）を届（とど）ける

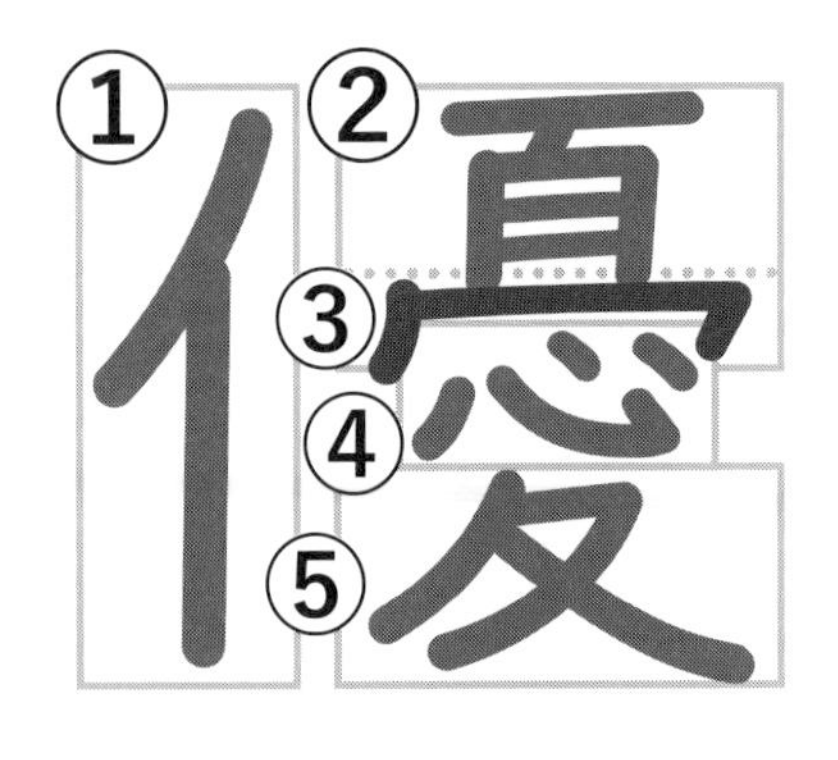

◆やさ－しい
すぐ－れる
ユウ

●優（やさ）しい人（ひと）
デザイン性（せい）に優（すぐ）れた住宅（じゅうたく）
優秀（ゆうしゅう）

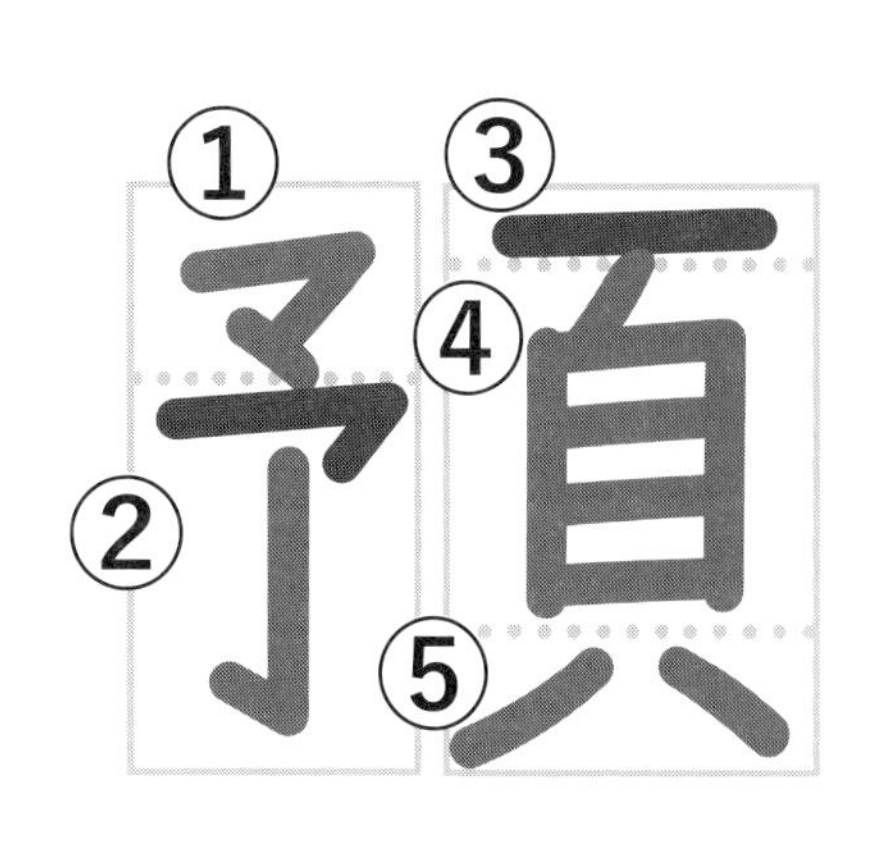

◆あず－ける、あず－かる

ヨ

●荷物(にもつ)を預(あず)ける。

大切(たいせつ)なものを預(あず)かる。

預金(よきん)

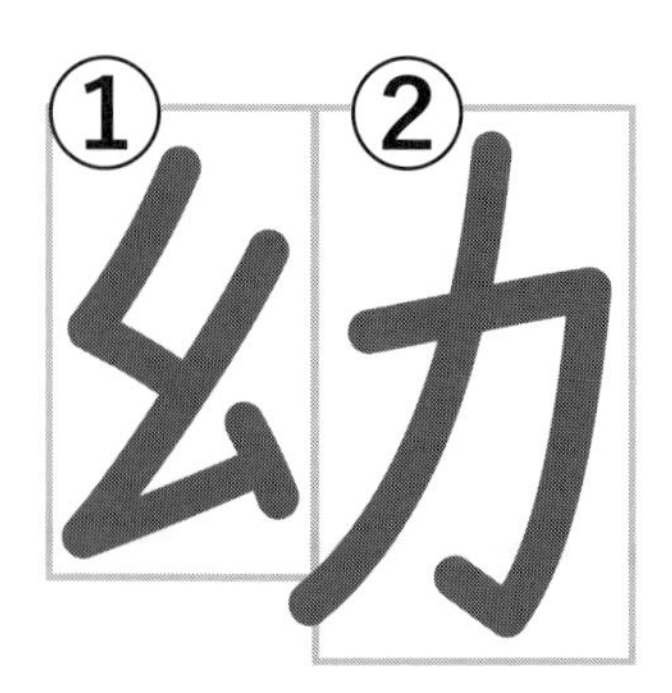

◆おさなーい

ヨウ

●幼（おさな）い妹（いもうと）

幼児（ようじ）

◆ほっ－する、ほ－しい

ヨク

●自由(じゆう)を欲(ほっ)する。

プレゼントに欲(ほ)しい物(もの)

欲望(よくぼう)

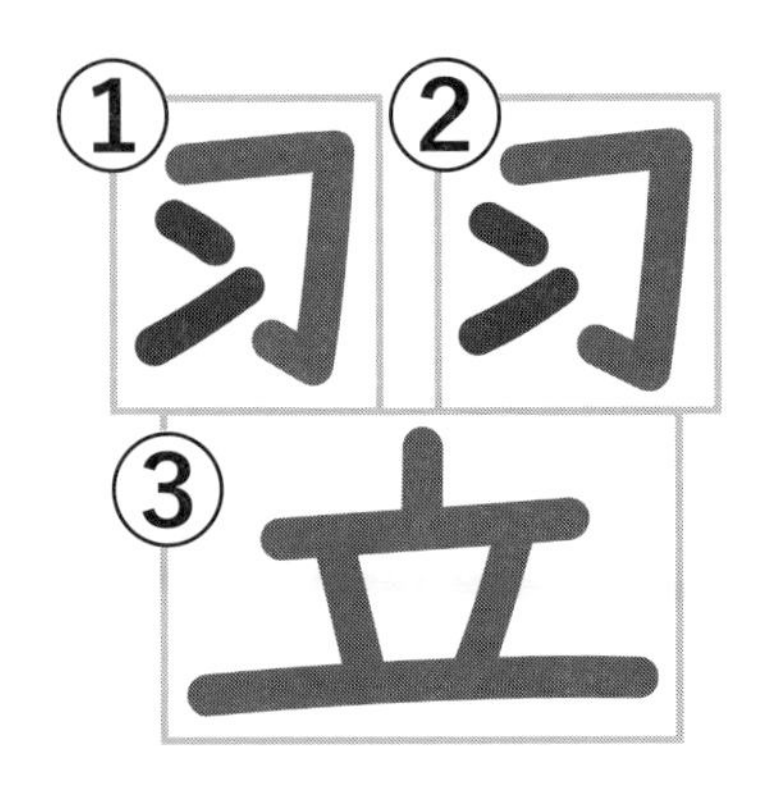

つぎの…

◆ —

ヨク

● 翌日（よく じつ）

翌朝（よく あさ）

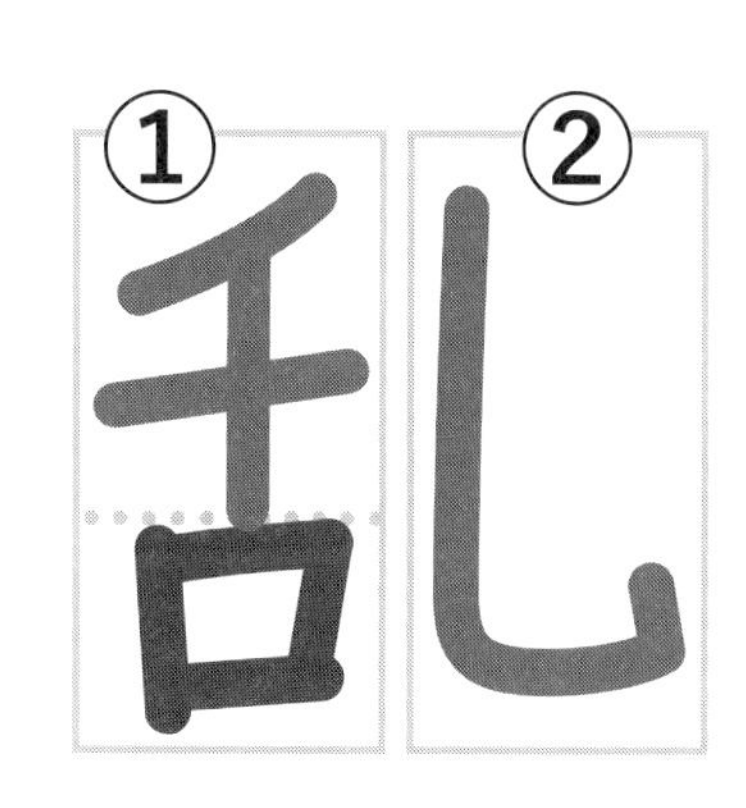

◆**みだ**－れる、**みだ**－す

ラン

●足並(あしな)みが乱（みだ）れる。

チームの和(わ)を乱（みだ）す。

混乱（こんらん）する。

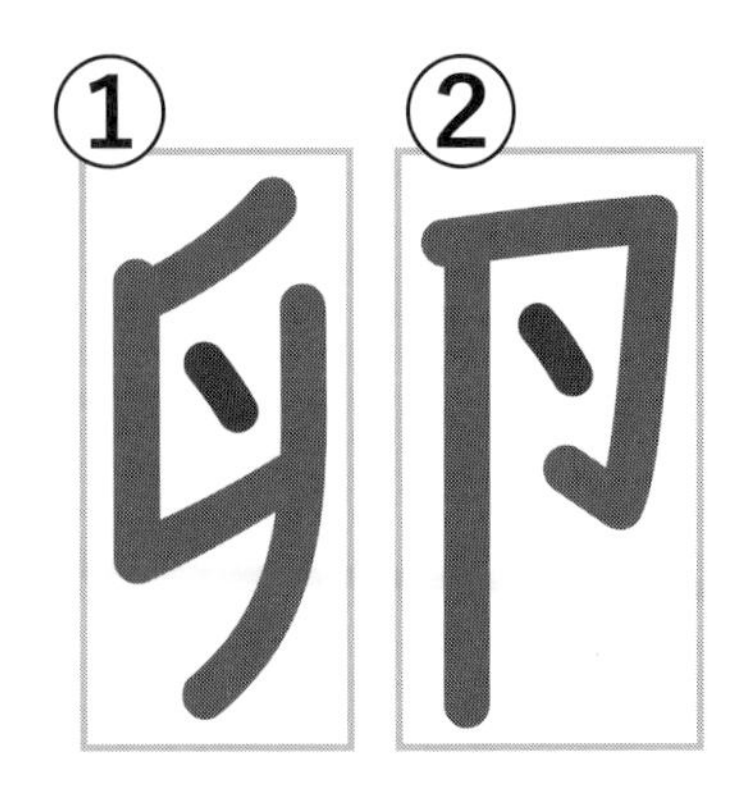

◆たまご
ラン
●にわとりの卵（たまご）
卵白（らん ぱく）

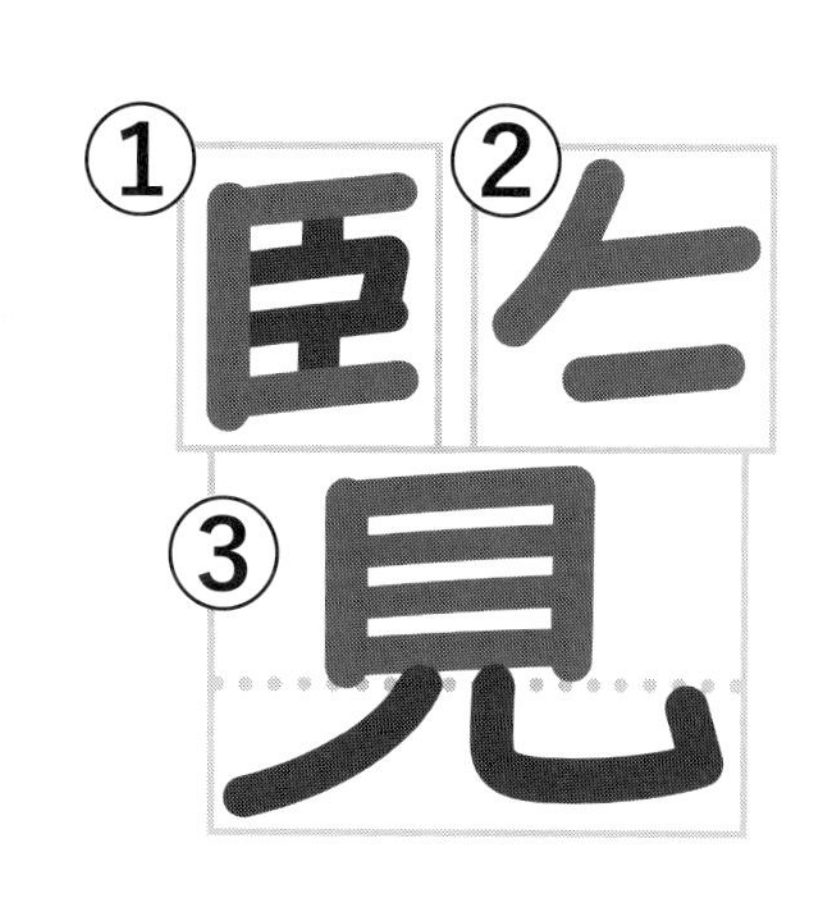

◆ ―

ラン

● 展覧会（てんらんかい）

一覧表（いちらんひょう）を作（つく）る。

見渡（みわた）す／見（み）やすくまとめたもの

◆うら
リ

●テスト用紙を裏(うら)にしておく。

表裏(ひょうり)一体(いったい)
＝反対(はんたい)の関係(かんけい)にある二(ふた)つの物事(ものごと)が、大元(おおもと)では一(ひと)つであること。

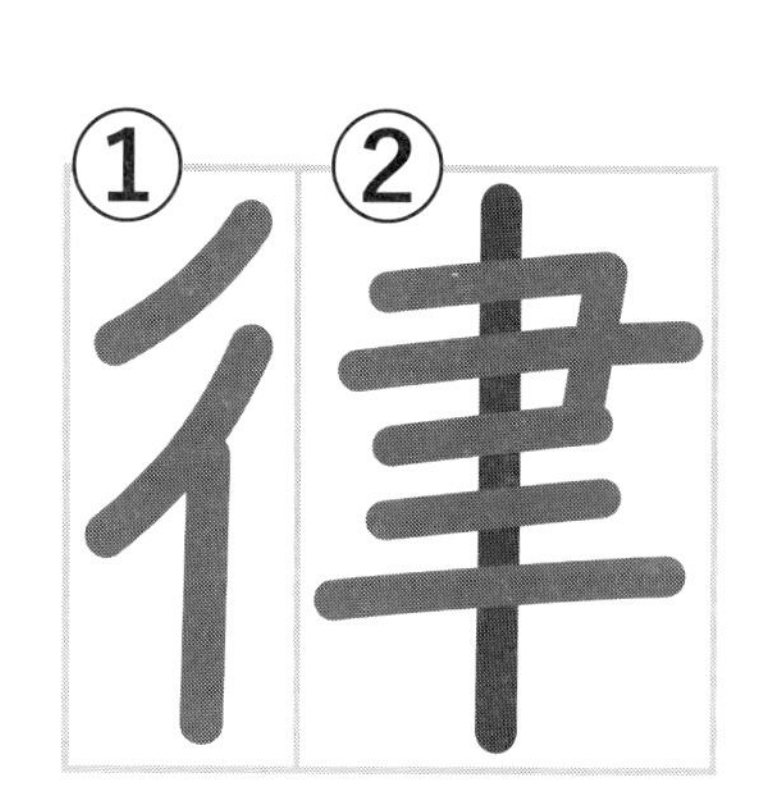

◆ ―

リツ、リチ

●法律（ほうりつ）

規律（きりつ）正しい生活

律儀（りちぎ）な友人

きまり／リズム

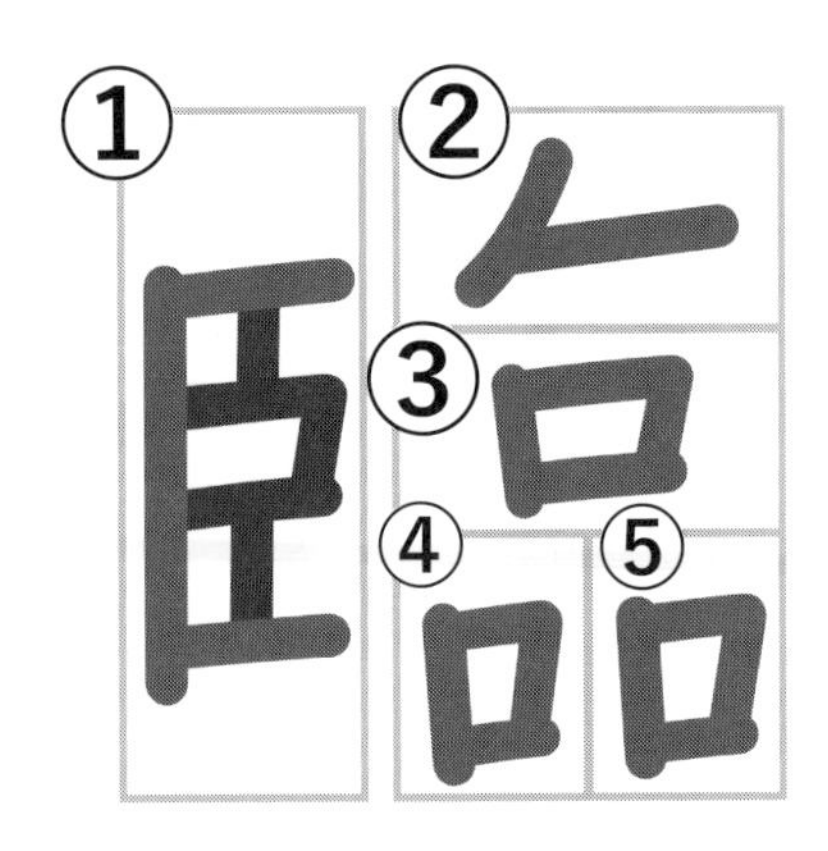

◆のぞ－む

リン

●試合（しあい）に臨（のぞ）む。

臨時（りんじ）休業（きゅうぎょう）

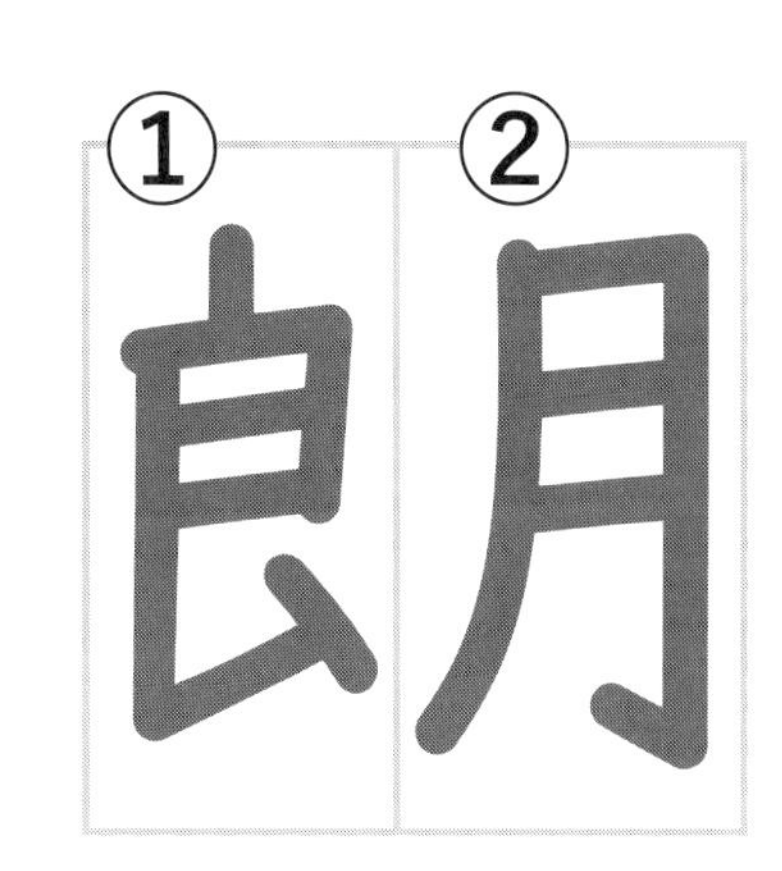

◆ほが－らか

ロウ

●いつも朗（ほが）らかな人（ひと）

詩（し）を朗読（ろうどく）する。

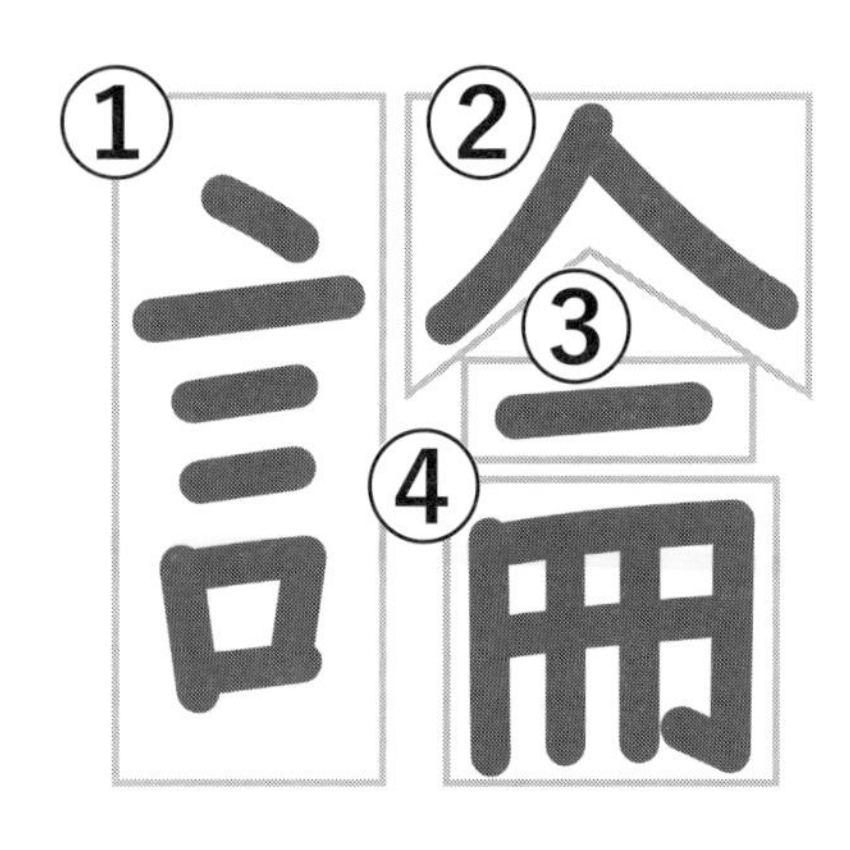

すじみちを立(た)ててのべる

◆ーー

ロン

●論理(ろんり)
＝考(かんが)えや議論(ぎろん)などを進(すす)めていく筋道(すじみち)。
グループで議論(ぎろん)する。